KB118692

한국사傳 3

한국사傳

3

KBS한국사傳 제작팀

기록 아래 숨겨진 또 다른 역사

한겨레출판

역사를 뒤흔든
'개인'들의 리얼 드라마

도대체 사람 이야기는 왜 재미있을까?

사람의 이야기에 무슨 큰 의미가 있기에 모든 드라마와 연극, 영화는 그 사람들이 주고받는 대사만으로도 작품을 메워나갈 수 있는 것일까? 세상에는 대사 없이 살아가는 동물은 얼마나 많으며, 주고받는 대사 없이 벌어지는 현상은 얼마나 많은가? 주고받는 대사도 없이 쓰나미는 일어나 사람을 죽이고, 대사도 없이 꽃들은 자란다. 그럼에도 왜 우리는 지독히도 사람들의 대사에만 집중하는 것일까? 그건 아마도 다른 사람들의 삶과 생각과 대응방식을 보면서, 그 속에서 자신에게 유익한 무언가를 무의식중에 찾고 있는 것일지도 모른다. 실제 일어나지도 않은 허구의 드라마를 보면서 그 허구 속에서 인간의 진실을 찾아나가고 있는 것이다. 드라마는 자신을 비춰보는 거울인 셈이다. 그러나 그 거울은 진실한 거울일까?

그래서 출발한 것이 역사프로그램 〈한국사傳〉이다. 왜 많은 사람들이 작가의 손끝에서 나오는 허구의 사건에 자신을 비춰보려 하는 것일까? 허구가 아닌 실제의 이야기는 많다. 그 진짜 사건들 중에 중요하지 않거나 재미없는 이야기들이 시간의 흐름과 더불어 하나둘 사라지고 마지막까지 남은 것, 그것이 바로 역사인 것이다.

전통적인 역사서는 보통 기전체(紀傳體)로 구성된다. 기전체의 기(紀)는 황제나 왕, 국가의 이야기다. 즉 사람의 이야기라기보다는 시스템의 이야기다. 전(傳)은 보통 열전이라고 부르는 것으로, 바로 역사 속 사람들의 이야기이다. 그 속에는 진짜 사람들의 삶과 죽음, 성공과 실패, 사랑과 증오까지 기록되어 있다. 그들의 삶은 드라마로 가득 차 있다. 그런데 그 드라마는 허구가 아닌 실제다. 그들이 살인을 했을 때 그 살인은 정말 일어난 사건이었으며, 그들이 사랑을 했을 때 그 사랑은 지구상에 정말 존재했던 사랑인 것이다. 게다가 역사 속의 개인들은 단순한 개인들이 아니다. 그들은 의미 있는 족적을 남기고 사라져간 개인들이며, 그들이 선택한 길은 역사를 뒤흔든 길이었다.

그들의 삶을 유심히 보면 인간과 역사의 길이 함께 보인다. 역사는 왜곡되지 않은 거울이다. 동양의 역사가들은 역사가 감계(鑑戒)기능을 한다고 말했다. 역사에 비춰보고 경계할 수 있도록 한다는 뜻이다. 그래서 역사는 부끄러운 치부마저 그대로 기록해야 한다고 믿었고 실제로 그렇게 했다. 그만큼 역사는 리얼하다. 〈한국사傳〉은 시스

템 이야기인 기(紀)를 잠시 접어두고 리얼 휴먼스토리로 가득한 전
(傳)에 주목하고자 했다.

KBS 역사프로그램은 줄곧 "역사의 대중화"라는 화두를 안고 왔다.
역사가 일부학자나 지식계층의 전유물로 남아 있어서는 안 된다는
생각이었다. 그런 이유로 때로는 역사를 이야기하는 방식에서 학자
들과 대립하기도 했다. 많은 학자들은 KBS가 엄정성을 잃고 복잡한
사안을 지나치게 단순화했다고 비판하기도 하고, 일부에서는 역사프
로그램이 역사를 전달하는 하나의 방식으로서 의미가 있다고 긍정적
으로 평가하기도 했다. 역사가 진정 가치 있는 것이라면 대중과 나누
어야 한다는 것이 제작진의 생각이다. 지금까지 대중과 나누기 위해
서 KBS는 수많은 시도를 해왔고 앞으로도 할 것이다.

〈한국사傳〉 역시 역사를 좀 더 쉽고 재미있게 대중에게 전달하려는
시도의 하나이다.
처음에는 타이틀이 이상하다는 사람들이 많았다. 傳이라는 한자가
주는 익숙지 않은 분위기와, 한글로 적었을 때 느껴지는 뜻의 모호함
때문일 것이다. 그런데도 그 모호함을 굳이 끌고 가기로 한 것은 역
사는 고리타분하다는 선입관을 지우고, 산뜻하고 새롭게 역사이야기

를 하고 싶었기 때문이다.

〈한국사傳〉은 기전체 역사서의 열전 가운데 한 편이기도 하고 '홍길동傳' 처럼 어떤 옛 사람의 이야기이기도 하다. 내용을 쉽게 전달하기 위해 스토리텔링을 중시하고 부분적으로 재연 기법을 사용하고 있지만, 기본전제는 엄정한 사실을 중시하는 다큐멘터리이다. 그래서 재연배우가 등장하지만 그들의 대사는 작가가 임의로 만들어낸 것이 아니라, 사료에 기록된 내용 그대로이다.

〈한국사傳〉은 이전의 역사스페셜, HD역사스페셜, 조선왕조실록, 역사추리, 역사의 라이벌 등 KBS 역사프로그램의 전통을 이어받은 프로그램이다. 본래 역사다큐멘터리는 현장에서의 임의연출이 통하지 않는다. 사전의 철저한 사료조사 없이는 프로그램을 만들 수 없다. 완성도를 높이기 위해서는 오로지 제작자의 개인 시간을 프로그램에 바치는 수밖에 없다. 〈한국사傳〉은 KBS 최고 수준의 프로듀서들이 개인적인 일정까지 포기하고 만들어가는 프로그램이다. 그렇게 할 수 있는 동력은 제작 프로듀서들이 역사프로그램의 가치를 스스로 인정하기 때문이다. 역사는 지나간 과거의 단순한 일이 아니라 현재를 비춰보는 가장 왜곡되지 않은 거울이고, 불확실한 현재에서 미래를 추측할 수 있는 유일한 케이스스터디라는 신념을 가지고 있기 때문이다.

작년 봄, 〈한국사傳〉을 출범시키기 위해 제작진은 변산반도로 갔다. 주변에 사극 '불멸의 이순신'을 촬영한 세트장이 있고 KBS가 이용할 수 있는 콘도가 있어서였다. 그 콘도에서 프로그램 기획회의를 하고 덤으로 세트장을 사전 답사할 생각이었다. 참가자는 지금은 건국대학교 교수로 갔지만 당시 규장각에 있던 신병주 교수와 프로듀서 몇 사람, 작가가 전부였다.

봄 바다를 앞에 두고 웃고 떠들었지만 사실 암담했다. 역사를 인물로 풀어보자는 기본전제에는 모두 동의하고 있었지만 과연 성공할 수 있을까? 사회자를 두 사람의 남자 엠시로 하자고 제안하면서도 그것이 과연 효과가 있을지 두려웠다. 한마디 한마디가 조심스러웠고 순간의 판단착오는 곧 시청자의 외면으로 이어질 것 같았다. 그때 나왔던 이야기가 시청자가 이해하기 힘든 사료를 그대로 보여주지 말고, 대신 사료에 나오는 대사를 재연해서 제공하자는 것이었다. 역사프로그램이지만 현대적 감각의 화면연출을 하자고 했다. 어렵고 딱딱한 역사프로그램을 시청자의 시각에서 받아들이기 쉽게 만드는 것이 성공의 관건이라고 보았다.

첫 프로그램은 역관 홍순언으로 정했다. 개인의 사소한 일이 역사를 어떻게 움직였는지 보여줄 좋은 소재라고 판단했다. 왕조의 역사, 제왕의 역사뿐 아니라, 역사를 역사 속의 인간의 관점에서 다시 보자는 기획의도와 잘 맞아떨어지는 아이템이었다. 성공적이었다.

그 후 방송이 계속되자 호평이 잇따랐다. 일간신문들은 "다큐멘터리계의 이효리", "지루한 역사다큐 고정관념 깼다", "한 인물 다른 평가 눈에 띄네" 등의 파격적인 머리글로 〈한국사傳〉의 시도를 평가해주었고 이제 책으로 출판되기에 이르렀다. 실제 있었던 역사 속 사람들의 이야기, 의미 있는 사람들의 리얼 드라마를 책으로도 확인할 수 있기를 바랄 뿐이다.

프로그램에 도움을 주신 모든 분들에게 감사드린다. 가장 크게는 시청자에게 감사드리며, 공영방송이 끝까지 역사프로그램에 투자할 수 있도록 시청자들과 독자들께서 관심과 질책을 함께 보내주시기를 부탁드린다.

한국사傳 책임프로듀서
장영주

한국사傳 3

I

475년, 고구려 장수왕의 기습 공격으로

백제의 개로왕이 전사하고 수도 한성이 함락됐다.

500년 역사를 일군 한성은 사라지고

백제는 웅진(공주)으로 수도를 옮겼다.

문주왕(文周王), 삼근왕(三斤王), 동성왕(東城王) 등

웅진 시대의 왕들은 암살과, 원인을 알 수 없는 죽음을 맞이했다.

무령은 그 위태로운 시간을 딛고 일어서,

백제를 강한 나라로 만들어갔다.

백제 25대 왕인 무령왕!

그는 백제를 다시 반석에 올린 중흥군주였다.

백제를재건한
중흥군주
── 무령왕

한 나라의 지도자가 품고 준비한 꿈은
벼랑 끝에 놓인 국가의 위기도 기회로 바꿀 수 있다.
그런 면에서 백제의 25대 왕인 무령왕(武寧王 · 재위 501~523)의 등장은
백제 역사의 커다란 행운이었다.
무령왕은 백제가 수도인 한성을 고구려에 빼앗기는 참패를 당하고,
지금의 공주로 내려가 재기를 준비했던 웅진(熊津) 시대의 네 번째 왕이다.
피로 얼룩진 선왕들의 죽음으로 시작된 웅진 시대.
그 출발은 결코 화려하거나 영광스럽지 않았다.
그렇다면 무령왕은 난국을 어떻게 극복하고,
백제를 다시 반석 위에 올려놓은 것일까?
무령왕의 파란만장한 삶과 그 꿈을 살펴본다.

무령왕의 즉위를 둘러싼 미스터리

무령이 웅진의 왕성에서 임금의 자리에 오른 것은 501년 12월이다. 그런데 그의 정치는 출발부터 시험대에 오른다. 이듬해인 502년 정월, 급보를 알리는 파발이 날아들었다. 반란이 일어났다는 보고였다. 왕이 된 지 불과 한 달 만에 무령의 왕권에 반기를 든 자가 생긴 것이다. 반란군 우두머리는 백제 가림성(加林城)의 성주인 백가(苔加)라는 자였다.

> 좌평 백가가 가림성에서 반란을 일으켰다. —《삼국사기》무령왕 2년

《삼국사기》에 따르면 반란을 일으킨 백가는 무령왕의 선왕인 동성왕(東城王·재위 479~501)을 죽인 시해범이었다. 무령왕은 직접 군사를 이끌고 반란군 진압에 나섰다. 진압 작전은 성공적이었다. 반란군 우두머리 백가가 항복을 하고 끌려온 것이다. 무령왕의 처형 지시가 떨어지자 백가는 억울하다고 소리쳤다. 그러나 무령왕은 단호하게

부여군 임천면의 성흥산성. 백제 동성왕 때 쌓은 가림성이 이곳이다.

처단했다.

> 백가가 나와 항복하니 왕이 그를 베어 백강에 던졌다. —《삼국사기》 무령왕 2년

실패한 반란군의 최후는 곧바로 죽음을 의미한다. 그것을 모를 리
없었던 백가는 왜 항복한 것일까? 처형당한 백가의 행적은 의문투성
이다.

금강 하구로 거슬러 올라가면 백가의 반란 거점이었던 가림성이
나온다. 부여군 임천면에 자리한 성흥산성(聖興山城)이 백제 동성왕
때 쌓은 가림성이다. 7세기에 백제 부흥군이 이곳에서 신라와의 마지
막 결전을 준비했을 정도로 요새 중의 요새였다. 그런데 이 가림성에
서 백가는 끝까지 싸우지도 않고 항복한 것이다. 항복하면 무령왕이

백제의 웅진 시대 중심지였던 금강 유역.

용서해줄 것이라고 믿을 만한 무엇이 있었던 것은 아닐까?

정재윤 공주대학교 사학과 교수 역시 "왕을 죽인 시해범이 반란까지 일으키면 당연히 사형당하리라는 것을 알면서도 백가가 항복했다는 점에서, 그의 반란 이유가 자신의 억울함을 하소연하고자 한 것은 아니었는지" 의문을 제기한다. 정 교수는 "그런 정황으로 볼 때 백가의 동성왕 시해 사건 뒤에는 거대한 배후 세력"이 있었을 것이라고 추정한다.

동성왕 시해 사건의 숨겨진 배후 세력은 누구이고, 또 무령왕과는 무슨 관계가 있는 것일까? 백제 제24대 임금인 동성왕은 활을 쏘면 백발백중일 정도로 뛰어난 무예 실력을 갖춘 강력한 군주였다. 그런데 동성왕 집권 20년을 넘긴 후반기, 백제 왕성에 이상 기류가 흐르기 시작했다. 동성왕 21년 여름에는 가뭄이 들어 백성들이 굶어죽고,

전국에 도적떼가 들끓었다. 견디다 못한 백성들은 국경을 건너 고구려로 도망치기도 했다.《삼국사기》에는 당시 "한산(漢山) 사람으로 고구려에 도망해 들어간 이들이 2000명이었다"는 기록이 나온다. 또 그해 10월에는 전염병까지 돌아 백성들의 삶은 더욱 황폐해졌다. 보다 못한 신하들이 굶주린 백성들을 구휼하자고 청하지만 동성왕은 귀찮아하며 외면해버린다.

> 신하들이 창고를 열어 백성들에게 베풀어주기를 청하였으나 왕이 듣지 아니 하였다. ―《삼국사기》 동성왕 21년

　표면상으로는 구휼 문제로 불거진 왕과 신하들의 정책적 갈등처럼 보이지만, 그 배경에는 동성왕과 귀족들 간의 오랜 알력이 자리하고 있었다. 이러한 알력 관계는 백제가 웅진으로 천도하면서 생긴 변화와 관련 있다는 것이 노중국 계명대학교 사학과 교수의 설명이다.
　475년에 고구려 장수왕의 침공으로 한성이 무너지고 21대 개로왕이 전사하면서 백제의 영역은 한층 축소되고, 도읍도 금강 남쪽의 웅진으로 옮겨진다. 천도 후 백제 사회의 "정치, 경제, 문화의 중심지가

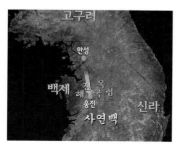
웅진 천도 이후 백제의 세력 변화.

한강 유역권에서 금강 유역권으로 이동했고 그에 따라 금강 유역권에 기반을 갖고 있던 세력들이 두각을 나타내면서" 왕권과 마찰을 빚기 시작했다는 것이다. 중국 역사서인《통전通典》에 따르면 백제에는 여덟

개 성씨의 큰 귀족들이 있었는데, 이들이 백제의 지배 세력이었다.

> 大姓有八族 沙氏燕氏劦氏解氏眞氏國氏木氏苩氏
>
> 나라 안에는 여덟 개의 큰 성씨들이 살았는데 사씨, 연씨, 협씨, 해씨, 진씨,
> 국씨 목씨, 백씨 등이 그들이었다.

—《통전》 백제조

그중 구휼을 주장한 쪽은 해씨, 진씨 등 한성 시대를 주도한 북방 세력이었다. 웅진의 사씨, 연씨, 백씨 등은 이들을 견제하고 독자적인 세력을 구축하기 위해 동성왕이 키운 새로운 정치세력이었다. 그중 백가는 15년간 동성왕의 경호실장 격인 위사좌평(衛土佐平)을 지낸 핵심 친위세력이다.

긴밀했던 두 사람 사이에 틈이 생긴 것은 501년, 가림성 건설에 심혈을 기울였던 동성왕이 백가를 가림성 성주로 전출시키면서다.

> 왕이 백가에게 가림성을 진수케 하였으나 백가가 가지 않으려 병을 이유로
> 사퇴했다. 왕이 허락하지 아니했다. —《삼국사기》 동성왕 23년

중앙 정계를 떠나기 싫었던 백가는 병을 핑계로 갖은 애를 썼지만 소용이 없었다. 하지만 전략적 요충지인 가림성의 중요성에 비추어 보면 백가는 언제든지 중앙 정계로 복귀할 수 있는 상황이었다.

그해 11월, 그러나 백가는 다른 길을 선택한다. 가림성 일대에서 사냥을 하면서 머물고 있던 동성왕의 숙소에 자객을 보낸 것이다. 그

날 밤, 동성왕은 자객의 칼에 치명상을 입고 한 달 뒤 세상을 떠났다.

> 백가가 왕을 원망하더니 사람을 시켜 왕을 칼로 찌르게 했다.
>
> —《삼국사기》 동성왕 23년

그런데 《일본서기》는 동성왕 시해를 주도한 세력이 무령왕을 추대한 백제의 지배층이라고 밝히고 있다.

> 백제의 동성왕이 무도하여 백성에게 포악한 짓을 하였다. 국인(國人)이 제거하고 무령왕을 세웠다. —《일본서기》

이 기록에 대해 이도학 한국전통문화학교 문화유적학과 교수는 "백가가 살해했지만 기록에서 나라 사람, 즉 국인(國人)이 그랬다고 한 것은 동성왕에게 불만을 가진 귀족층이 광범위하게 퍼져 있었고, 그 와중에 백가가 총대를 맨 것으로 봐야 한다"고 설명했다.

백가와 귀족들의 결탁은 동성왕이 집권 후반기 향락생활에 빠져들면서 그 징후를 드러냈다. 동성왕은 밤이 새도록 잔치를 벌이기 일쑤였다.

> 왕이 친한 신하들과 함께 임류각에서 연회를 베풀고 밤새도록 환락을 다하였다. —《삼국사기》 동성왕 22년

동성왕은 백성들의 고통으로부터 점점 멀어졌다. 민심도 왕에게서

등을 돌렸다. 돌아선 민심은 무령에게 향했다. 귀족들과 백가는 그런 민심의 흐름을 놓치지 않았다. 그렇다면 무령은 이에 어떻게 반응했을까? 정재윤 교수는 무령왕의 관여 정도는 정확히 알 수 없으나 "최소한 정변 세력과의 교감은 있었으리라"고 추정한다. "조선시대의 반정이 이미 누군가를 대안으로 내세운 상황에서 일어났듯이 동성왕의 시해를 주도한 세력도 틀림없이 차기 왕을 지목한 상황"이었을 것이라는 말이다.

비록 무령왕은 백가와 귀족들의 추대를 받고 왕이 되긴 했지만, 동성왕 시해 사건을 해결해야 하는 입장이었다. 그래서 백가의 처형을 단호하게 집행한 것이다. 반란군 진압과 백가의 처형은 무령왕의 첫 번째 정치적 시험대였다.

왕릉에서 부활한 중흥군주

《삼국사기》는 무령왕이 키가 크고 용모가 수려했으며 인자한 국왕이었다고 전한다. 백성들의 신망 또한 두터웠다고 한다. 그러나 무령왕의 즉위 과정에는 선왕인 동성왕의 암살이란 엄청난 사건이 있었다. 무령왕은 동성왕의 암살 이후 백제의 왕으로 추대된 풍운의 사나이라고 할 수 있다.

그렇다면 무령왕은 과연 어떤 인물일까? 어떤 신분이었으며, 언제 태어나, 몇 살에 왕위에 오른 걸까? 신비에 싸여 있던 무령왕의 이력

송산리 고분. 충청남도 공주시.

서가 마침내 충청남도 공주시 송산리 고분 안에서 발견되었다. 송산리 고분은 웅진 시대 백제 왕족의 무덤이 모여 있는 곳이다. 이곳에서 무령왕릉이 발견된 것은 기적에 가까웠다.

1971년, 장마에 대비해 배수로 공사를 하던 중 범상치 않은 벽돌이 우연히 발견되었다. 그 벽돌을 여는 순간, 아무도 예상치 못한 일이 일어났다. 도굴꾼의 손을 타지 않은 유일한 백제 왕릉이 세상에 모습을 드러낸 것이다. 그것은 기록상으로만 존재하던 무령왕릉이었다. 놀라움과 흥분 속에 유물들이 수습됐다. 무덤방에는 역사의 저편으로 사라진 줄 알았던 무령왕 시대의 엄청난 정보가 들어 있었다. 무령왕의 시신이 안치된 금송관(金松棺)은 무덤방의 동쪽에 있었고, 서쪽에는 왕비가 잠들어 있었다. 주변에는 화려했던 부장품들이 세월의 녹이 쓴 채 어지러이 놓여 있었다. 불과 열 시간 만에 이뤄진 성급

무령왕릉 발굴 당시 모습.

한 발굴, 그런데도 출토된 유물은 무려 3000여 점에 달했다.

당시 출토된 유물이 국립공주박물관에 전시되어 있다. 세월의 녹을 벗겨낸 유물은 너무도 눈부셨다. 무령왕의 머리맡에서 발견된 왕의 모자 장식은 순금으로 만들어져 화려하고 정교했다. 기록 속에만 존재하던 백제 왕관, 금제관식(金製冠飾, 국보 154호)의 실체가 처음으로 확인된 것이다. 두께 2밀리미터 정도의 금판을 오려서 불꽃이 타오르는 모양으로 만든 금제관식 문양은 역동적이면서 강렬한 인상을 자아낸다. 금판을 오려붙인 왕의 귀걸이도 화려함에 눈이 부실 정도다. 왕비의 왼쪽 팔목 부근에서 발견된 은제팔찌(국보 160호)는 혀를 내민 채 머리를 뒤로 돌린 두 마리의 용이 꼬리에 꼬리를 문 듯 연결되어 있다. 비늘과 발톱까지 곧 날아오를 것 같은 모습이다. 비취로 만든 굽은 옥에는 금모자를 씌웠다. 좁쌀 알갱이만 한 금가루를 당시

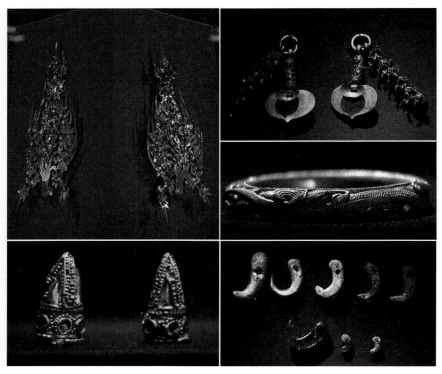

송산리 고분에서 출토된 유물들. 금제관식, 금귀걸이, 은제 팔찌, 굽은 옥, 굽은 옥에 금을 씌운 금 장식. (왼쪽 위부터 시계방향으로)

의 최첨단 기술로 붙여서 만든 금모자다.

　무령왕릉의 화려한 유물들은 백제 문화에 대한 인식을 단번에 바꿔놓았다.

　백제시대의 고분은 원래 부장품을 적게 넣는 박장(薄葬) 풍속인데다 도굴에 취약한 구조를 갖고 있기 때문에 출토물이 적었다. 그런 이유로 그동안 백제 문화에 대한 이해도가 낮았다. 그러다 "무령왕릉이 도굴되지 않은 채로 발굴되어 6세기 전반 백제의 수준 높은 금속공예 기술을 확인할 수 있는 기회를 얻은 셈"이라는 게 권오영 한신

무령왕릉 내부를 재현한 방. 진묘수 앞에 묘지석이 놓여 있다.

대학교 국사학과 교수의 평가다.

1400여 년 만에 우리 앞에 모습을 드러낸 백제 문화의 진수. 그것은 세련된 백제 문화의 부활로 이어졌다. 오랜 세월 안개 속에 가려 있던 무령왕의 일생도 드디어 그 실체를 드러냈다. 발굴 과정에서 무령왕과 왕비의 일생을 기록한 묘지석이 나온 것이다. 무덤방을 지키는 진묘수(鎭墓獸) 앞에 무령왕 부부의 묘지석(국보 163호)이 놓여 있었다. 묘지석에는 무령왕의 살아생전 이름과 사망 연도, 나이 등이 새겨져 있었다. 묘지석에 따르면 무령왕의 생전 이름은 사마(斯麻)였다. 523년에 62세로 세상을 떠났으니까, 462년에 태어나 마흔 살에 왕이 된 것이다. 불혹의 나이가 되어서야 국왕이 된 늦깎이 임금 무령왕은 23년간 웅진 시대를 이끌게 된다. 무령은 죽은 뒤에 붙여진 시호다. 묘지석이 발견되면서 그동안 베일에 싸여 있던 무령왕의 구체적 이력이 밝혀진 셈이다.

무령왕릉 발굴 당시 진묘수와 묘지석이 놓여 있던 모습.

영동대장군인 백제 사마왕(무령왕)은 나이가 62세 되는 계묘년(523) 5월 임진일인 7일에 돌아가셨다.

일본 섬마을에서 태어난 백제 왕자

그런데 여전히 미진한 구석이 있다. 마흔이 될 때까지 무령왕의 행적이 빠져 있는 것이다. 묘지석에 기록되지 않은 무령왕의 40년 세월, 거기에는 아직도 많은 논란이 되고 있는 무령왕 출생의 비밀이 숨겨져 있다.

규슈 북부의 요부코(呼子) 항은 고대부터 한반도와 일본의 교역 창

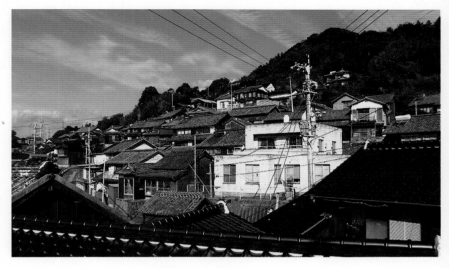
규슈 북부의 가카라시마라는 섬마을. 무령왕의 탄생지로 전해 내려오는 곳이 가카라시마의 한 동굴이다.

구로 번창했던 곳이다. 놀랍게도 이 일대의 작은 섬마을에서 무령왕
탄생 설화가 전해 내려온다. 요부코 항에서 배로 달려 10분이면 도착
하는 '가카라시마(加唐島)'라는 섬마을이다. 100여 가구 남짓이 모여
사는 가카라시마에는 지금도 무령왕의 탄생지로 전해오는 곳이 있
다. 절벽으로 이루어진 가카라시마 동쪽 끝에서 해안으로 내려가면
오비야라는 곳이 나온다. 절벽이 파도에 침식되어 생긴 해변 동굴이
다. 가카라시마 마을 주민들은 바로 이 동굴에서 무령왕이 태어났다
고 믿고 있다. 동굴에는 작은 제단까지 갖춰놓았다. 오랜 세월 마을
에서 전해 내려온 무령왕 탄생 설화는 모르는 사람이 없을 정도다.
가카라시마 마을의 한 주민이 들려주는 설화의 요지는 "임신한 부인
이 한국에서 건너왔는데 지나가다가 산기가 있어서 여기에 배를 세
우고 동굴 속에서 무령왕을 출산했다"는 것이다.

가카라시마 동쪽 끝의 해변 동굴 오비야. 백제왕 탄생지라는 표지판과 작은 제단을 세워놓았다.

　　무령왕이 백제 왕성이 아닌, 일본의 작은 섬마을에서 태어났다는 가카라시마의 전설. 왜 이 마을에서 무령왕 탄생 설화가 전해 내려오는 것일까? 뜻밖에도《일본서기》에 그 내막이 실려 있었다.

　　　　임신한 부인은 개로왕의 말처럼 축자(筑紫)의 각라도(各羅嶋)에서 출산하였
　　　　다. 그래서 아이의 이름을 사마(嶋君)라 하였다. ―《일본서기》

　　무령왕이 각라도에서 태어나 이름을 사마라고 지었다는《일본서기》의 내용은 정확한 것일까? 윤용혁 공주대학교 교수는《일본서기》의 무령왕 탄생 설화의 내용이 어느 정도 신빙성이 있다고 설명했다. 그 이유로《일본서기》의 내용과, 발굴된 무령왕 지석에 적힌 무령의 출생 연도가 사실상 일치한다는 점을 들었다.

《일본서기》의 무령왕 탄생 설화에는 생각지 못한 무령왕의 태생에 관한 비밀도 들어 있었다. 무령왕의 어머니는 베일에 가린 신비한 여인이다. 《일본서기》에서 무령왕의 아버지라고 밝힌 백제 21대 왕인 개로왕(蓋鹵王 · 재위 455~475)은 한성 시대 백제의 마지막 임금이었다. 개로왕이 사랑하는 아내와 헤어진 것은 고구려의 위협에 시달리던 462년이다.

> 임금의 부인을 주시고 그런 후에 일본에 보내주십시오. ─《일본서기》

개로왕이 아우인 곤지(昆支 · ?~477)를 왜로 파견하려 하자, 곤지가 형수를 데려가게 해달라고 청했다는 것이다. 한 여인을 사이에 둔 개로왕과 그의 아우 곤지 사이의 보이지 않는 신경전을 암시하는 대목이다. 일본으로 향하던 곤지 일행은 462년 6월, 가카라시마에 정박했다. 출산이 임박해진 개로왕의 아내가 산통을 시작했기 때문이다. 그래서 가카라시마의 이 동굴에서 무령왕이 태어났다고 탄생 설화는 전한다. 이 설화에서 전하고자 하는 메시지는 분명하다. 즉 이도학 교수의 말을 빌리자면 "대외적 · 사회적으로 곤지의 아들로 알려진 무령왕이 사실 한성 말기 대왕이었던 개로왕의 아들"이었음을 내세움으로써 "무령왕의 혈통적인 열세를 불식시키고 왕으로서 정당성과 정통성을 입증"할 수 있는 것이다.

무령왕의 성장 과정 역시 베일에 싸여 있다. 만약 어린 무령이 일본에서 한성으로 돌아왔다면 한성과 운명을 함께했을 것이다. 백제의 수도 한성이 고구려의 공격으로 잿더미가 되어 사라진 것은 475년,

무령왕이 태어났다는 동굴에서 바라본 가카라시마 해안선.

무령의 나이 열네 살 때다.

> 고구려의 대군이 침공해서 국왕 및 왕비, 왕자 등을 모두 죽였다. —《일본서기》

한성을 함락시킨 고구려군은 성을 지키던 개로왕과 왕자들을 모두 죽였다. 무령이 한성에 있었다면 당연히 이들과 함께 죽었을 것이다. 그렇다면 곤지가 무령을 일부러 일본 본토로 데리고 가서 키웠을 가능성은 없을까? 개로왕의 동생인 곤지는 일본에서 무슨 일을 했던 것일까?

오사카 남부 하비쿠노(羽曳野) 시의 아스카베(飛鳥戸) 마을에 곤지의 발자취가 남아 있다. 해마다 10월에 열리는 이 마을의 축제는 아스카 베 신사에서 시작된다. 먼저 조상신에게 제사를 올리는데, 제사에 참

오사카 남부의 아스카베 마을. 이곳 조상신이 개로왕의 동생인 곤지로 알려져 있다.

석하는 사람은 나이가 지긋한 아스카베 마을의 연장자들이다. 제사는 조상신의 위패를 모신 아스카베 신사의 사당 앞에서 진행된다. 제사 의식을 통해 아스카베의 조상신은 마을 주민들과 하나로 이어진다.

1500여 년 동안 변함없이 아스카베 마을 주민들이 공경하며 모셔 온 조상신은 누구일까? 아스카베 신사 입구에 신사의 역사를 소개하는 안내문이 있는데, 여기에 조상신의 이름이 나온다. 조상신은 바로 백제에서 건너온 곤지였다! 놀라운 점은 그뿐만이 아니다.

교토대학교의 우에다 마사아키 명예교수는 "아스카베 신사의 제신이 일본 고서에는 곤지왕이라고 되어 있고, 그가 바로 무령왕의 아버지였다"고 설명한다. 곤지가 무령왕의 아버지로 인지되었다는 것은 결국 무령왕이 곤지의 손에 자랐다는 뜻이 아닐까?

원래 마을 입구에 자리하고 있던 아스카베 신사의 옛 정문은 크고

해마다 10월에 열리는 축제에서 조상신인 곤지를 모시는 제사를 지내는 아스카베 마을의 신사.

웅장한 모습이다. 이는 일본에 머무는 동안 곤지가 아스카베 지역에 미친 영향력이 매우 컸음을 의미한다. 곤지가 일본에 머문 기간은 약 15년. 아스카베는 대체 어떤 곳이었을까?

마을 뒤쪽의 포도 재배 단지로 올라가면, 백제의 영향을 받았음을

아스카베 신사의 옛 정문.

보여주는 무덤군이 밀집해 있다. 최근 발굴된 간논즈카(觀音塚) 고분은 전형적인 백제 양식인 횡혈식(橫穴式) 석실, 즉 관을 옆으로 들이민 형태를 띠고 있다. 무덤에서 발굴된 유물 역시 일본 고분에선 출토되지 않는 백제식 토기로 밝혀졌다. 아스카베의 수많은 백제식 무덤은 포도 재배 단

아스카베 마을의 간논즈카 고분. 백제와 같은 횡혈식이다.

지를 조성하면서 허물어졌다. 다행히 다섯 기의 백제식 고분이 남아
있어 이 지역이 백제인의 거주지였다는 사실을 증명한다.

　아스카베 축제가 열리는 10월 16일은 곤지의 제삿날이다. 죽어서
아스카베 조상신의 자리에 오른 곤지는 일본에 머문 15년 동안 아스
카베 일대를 개척한 것으로 보인다. 아스카베 주민 대표인 신도 요시
오 씨는 아스카베 축제가 "한반도 백제에서 건너온 분을 모시는 자
리"라고 설명한다. 아스카베의 축제는 1500여 년 전, 이 지역을 개척
한 곤지를 기리는 행사인 셈이
다. 만약 곤지가 무령왕을 이곳
에 데려와 키웠다면 무령은 그
과정을 지켜보면서 자랐을 것이
다. 이처럼 무령이 상당 기간 아
스카베에서 보낸 탓에 그의 성장
과정이 베일에 가려 있었던 건
아닐까.

아스카베 축제.

야심찬 국가 재건 프로젝트

무령왕 탄생 설화의 핵심은 무령왕이 왕위 계승의 정통성을 가진 국왕임을 강조하고 있다는 것이다. 무령왕은 백제가 존망의 위기에 처했을 때 일본에서 태어났고, 백제로 돌아와서는 피비린내 나는 귀족들의 암투를 지켜보았을 것이다. 인고의 세월을 보내고 국왕의 자리에 올랐을 때는 경륜을 갖춘 불혹의 나이. 무령왕은 경륜 있는 지도자답게 그동안 꿈꾸어왔던 백제 중흥 프로젝트를 실천에 옮긴다. 프로젝트가 본격적으로 가동된 것은 502년 11월이었다. 무령왕은 자신의 국정 운영 방향을 담은 첫 번째 지시문을 신하들에게 발표한다. 고구려를 공격한다는 선언이었다.

달솔 우영을 시켜 군사 5000명을 거느리고 고구려의 수곡성을 치게 하라.

—《삼국사기》 무령왕 2년

무령왕이 첫 공격을 개시한 고구려 수곡성. 지금의 황해도 신계군이다.

첫 공격 목표는 고구려의 수곡성(水谷城). 무령왕의 수곡성 전투는 더 넓은 영토를 개척했던 백제의 옛 영광을 되찾겠다는 계획의 신호탄이었다. 《삼국사기》에 기록된 고구려 수곡성의 위치는 지금의 황해도 신계군이다.

단계현(황해도 신계)은 원래 고구려의 수곡성현이다. —《삼국사기》잡지 제4권

그러나 이미 백제는 고구려에 한강을 빼앗긴 상황이었는데, 어떻게 황해도 신계군을 공격할 수 있었을까? 이에 대해 정재윤 교수는 "황해도와 한강, 그리고 차령산맥 이북 지역은 고구려와 백제의

치열한 접전 지역이었으므로 황해도 지역에서의 전투는 충분히 가능했다"고 설명한다.

기록으로 확인되는 고구려와의 수많은 전쟁에서 알 수 있듯이 무령왕은 백제의 군사전략을 수세적인 방어가 아니라 적극적인 공격으로 전환했다. 전투 기록은 고구려와 대등하게 전쟁을 벌일 만큼 백제의 국력이 회복됐다는 증거이기도 하다.

위기를 기회로 바꾸어가는 무령왕의 백제 중흥 프로젝트는 경제개혁으로 이어졌다. 무령왕은 특히 농토 확장에 심혈을 기울였다. 농토를 개간하는 국가적인 대역사를 추진하려면 먼저 해결해야 할 일이 인력 문제였다. 이를 위해 무령왕 10년, 백제는 전국의 실업자 조사를 시작했다. 농지가 없어 일을 하고 싶어도 못하는 실업자를 파악해 농토 개간 사업에 투입하라는 무령왕의 지시가 떨어진 것이다.

국내외의 놀고먹는 자들을 모아 농사를 짓도록 하였다. —《삼국사기》무령왕 10년

농업 기반 시설도 대대적으로 건설했다. 4세기에 완공된 전북 김제

백제의 저수지 시설이었던 벽골제. 전북 김제시.

시 벽골제는 농업 경제를 획기적으로 발전시킨 백제의 저수지 시설
이다. 무령왕은 근초고왕(近肖古王 · 재위 346~375) 때 축조된 벽골제의
규모를 더욱 확장시키고, 개간한 농토에는 새로운 저수지를 만들었
다. 가뭄 걱정 없이 저수지에 저장된 물로 벼농사를 지을 수 있도록
한 것이다. 18세기 후반에 제작된 여지도(輿地圖)에는 전라도 지역에

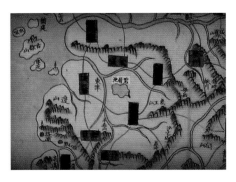

여지도 일부. 큰 저수지 시설이 표시돼 있다.

큰 저수지 시설이 표시돼
있다. 그때까지 벽골제는
큰 저수지였던 것이다. 저
수지가 생기는 만큼 농토
도 늘어났다. 개간된 농토
에는 어김없이 물길이 흘
렀다.

하지만 얼마 지나지 않아 무령왕은 새로운 난관에 부딪친다. 농지가 절대적으로 부족하고, 실업자만으로는 노동력이 턱없이 부족했다. 무령왕이 찾아낸 해결 방안은 현재의 경상북도 고령 지방을 근거지로 한 부족국가 대가야(大伽倻)의 기문(己汶)과 대사(帶沙)를 공격하는 남진정책으로 나타났다.

> 백제가 기문과 대사를 획득했다. ―《일본서기》 513년

기문과 대사는 원래 백제 영토였는데 한성이 함락되면서 그 틈을 노려 대가야가 빼앗은 땅이었다. 기문은 현재의 남원, 장수, 진안에 해당하고, 대사는 섬진강 하구의 하동이다.

농지 확대를 위한 무령왕의 남진정책.

무령왕의 공격은 성공적이었다. 백제는 섬진강 하구의 하동까지 되찾았다. 이로써 무령왕의 농토 개간 사업은 웅진의 금강과 영산강 유역에 이어 섬진강 유역으로 확장됐다. 그런데 무령왕 12년(512), 백제 왕성에 또다시 위기가 찾아온다. 고구려의 대군이 국경을 넘어 백제 지역을 장악했다는 보고가 전해진 것이다.

> 고구려가 가불성(加弗城)을 습격하여 빼앗고 원산성(圓山城)을 깨뜨렸다.
>
> ―《삼국사기》 무령왕 12년

백제가 고구려와의 싸움에 동원할 수 있는 군사는 불과 3000명. 무령왕은 직접 출정하겠다고 선언했다. 고구려군은 적은 수의 백제군을 얕잡아보았다. 무령왕은 고구려군을 방심하게 만든 다음 급습하는 작전을 펼쳤다. 허를 찌르고 들어간 무령왕의 전략은 적중했다. 고작 3000명의 군사를 거느린 무령왕이 고구려의 대군을 격파한 것이다.

> 왕이 기계(奇計)를 내어 갑자기 습격하여 고구려군을 크게 깨뜨렸다.
>
> —《삼국사기》 무령왕 12년

무령왕이 직접 출정해 거둔 이 전투의 승리는 백제의 대내외적 위상 변화에 분기점이 된 일대 사건이었다.

'갱위강국'의 꿈을 이루다

무령왕 시대는 웅진 백제의 전성기였다. 무령왕릉에서 출토된 화려한 왕관 장식은 무령왕이 다시 일으켜 세우고 꽃피운 백제 문화를 대변한다. 더 놀라운 사실은 무령왕의 백제 재건 프로젝트가 한반도 안에만 머물지 않았다는 것이다. 무령왕은 환갑을 맞이한 서기 521년에 집권 20년을 정리하는 국제적 이벤트를 준비한다. 백제 역사상 큰 획을 긋는 사건이었다.

〈양직공도〉.

중국 양나라의 수도였던 난징에 위치한 시립박물관에 그 흔적이 남아 있다. 6세기에 제작된 〈양직공도梁職貢圖〉다. 이는 각 나라에서 파견된 사신들을 그린 그림이다. 그림 속에 국서를 전하기 위해 무령왕이 보낸 백제 사신의 모습이 있다. 무령왕의 국서 내용은 양나라의 역사서와 《삼국사기》에 자세히 실려 있다.

무령왕이 전하고자 한 국서의 핵심 내용은 아홉 글자에 담겨

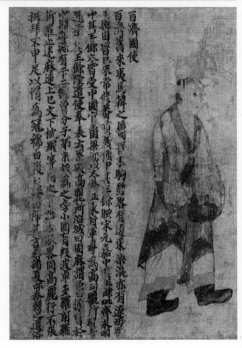

〈양직공도〉에 등장하는 백제 사신의 모습.

있었다. 累破高句麗 更爲强國(누파고구려 갱위강국)! 백제가 마침내 고구려를 크게 격파하고, 다시 강한 나라가 되었음을 국제 사회에 알리는 무령왕의 선언이었다. 이도학 교수는 이 선언이 "백제의 자신감

기자회견에서 일본 천황가에 무령왕의 피가
흐르고 있다는 말을 하는 아키히토 천황.

회복을 대내외에 선포한 것으로, 백제 위상이
높아졌음을 공인받고 싶다는 열망"의 표현이
었다고 설명한다.

당시 무령왕의 위상은 일본 기록에서도 확
인된다. 지난 2001년 12월, 무령왕이 일본에
서 차지하는 지위를 밝히는 놀라운 기자회견
이 있었다. 아카히토 일본 천황이 기자회견에서 "선조인 칸무천황(桓
武天皇·737~806)의 어머니가 백제 무령왕의 자손이라고《속일본기》
에 기록돼 있다는 사실에서 한국과 깊은 인연을 느낍니다"라고 말한
것이다. 일본 천황가에 무령왕의 피가 흐르고 있다는 기록이 남아 있
음을 인정한 아키히토 일본 천황의 고백, 이 놀라운 고백은 그의 말
처럼《속일본기》라는 역사서에 근거한 것이다.

> 황태후의 성은 화씨고 이름은 신립이다. 백제 무령왕의 아들 순타태자의
> 후손이다. ―《속일본기》칸무천황

무령왕의 아들인 순타태자의 후손이 현 일본 천황가의 시조인 칸
무천황의 어머니다. 순타태자를 일본으로 파견했다는 것은 무령왕의
대왜국 정책이 강화됐음을 의미한다. 무령왕은 왜국과의 정치적·문
화적 결속력을 높여나갔다. 그 증거가 일본의 국보로도 남아 있다.
와카야마 현 하시모토 시의 스다하치만 신사. 이곳에 1951년 일본
의 국보로 지정된 청동거울이 있다. 거울 뒷면에 아홉 사람의 인물이
새겨져 있어 인물화상경(人物畵像鏡)이라 불린다. 거울 바깥 둘레에는

제작 경위를 밝히는 48자의 명문이
있다. 그중 몇 글자가 눈에 띈다.
'남제왕 계체 사마(男弟王 繼體 斯麻)'
라는 대목이다. 거울을 받은 사람은
일본에 있는 남제왕(男弟王), 즉 계체
천황(繼體天皇)이고, 보낸 사람은 사
마(斯麻)라는 의미다.

인물화상경. 일본국보.

　사마(斯麻). 무령왕릉에서 출토된 묘지석에 적힌 무령왕의 생전 이
름과 획 하나 틀리지 않고 정확히 일치한다. 고대의 청동거울은 자
신이 거느리는 하위 왕에게 상왕이 내리는 신임의 표식이었다. 권오
영 교수는 "만약 사마가 실제 백제의 무령왕이라면 이 청동거울은
등극하기 이전의 계체와 무령왕이 이미 긴밀한 관계를 맺고 있었음
을 보여주는 증거"라고 설명한다. 그렇다면 백제의 무령왕과 일본이
계체천황이 재위하는 동안 두 나라 왕권이 좋은 관계를 유지했던 이
유도 풀린다.

'붕(崩)' 자에 담긴 백제 중흥기

무령왕은 한반도 밖으로 관심을 돌려 적극적인 세계화 전략으로 동
북아시아 정세를 주도했다. 당시 동북아시아에서 무령왕이 차지한
비중은 묘지석의 명문에 새겨져 있는 한 글자에 집약적으로 나타난

무령왕의 묘지석(위)과 일본 화상경에 똑같이 등장하는 사마(斯麻)라는 이름.

다. 바로 무령왕의 죽음을 나타내는 '붕(崩)' 자다. 이는 '황제'의 죽음을 뜻하는 글자다.

> 寧東大將軍 百濟斯麻王 年六十二歲 癸卯年五月丙戌朔七日壬辰 崩
>
> 영동대장군인 백제 사마왕(무령왕)은 나이가 62세 되는 계묘년(523) 5월 임진일인 7일에 돌아가셨다.

찬란하게 꽃피운 무령왕의 시대는 '붕' 자에 담겼다. 무령은 세상을 떠났지만, 그가 이루고 간 세상은 남았다. 무령왕은 백제인들의 마음 속에 온 나라 백성들의 꿈을 이루어준 위대한 중흥군주로 기억됐다.

更爲强國 ─《삼국사기》무령왕 21년

다시 강한 나라가 되었다는 갱위강국(更爲强國). 이 네 글자는 무령왕이 필생의 업으로 삼은 꿈과 도전이었다. 역사의 소용돌이 속에서 일생을 가슴속에 품고 살았을 갱위강국의 꿈! 무령왕은 집권 20여 년 동안 오직 그 꿈을 향해 달렸고, 마침내 이루었다.

무너져가던 백제가 다시 강국으로 일어설 수 있었던 것은 몸을 낮추고 치열하게 부국강병 프로젝트를 준비하고 실천한 무령왕이 있었기 때문이다. 1500여 년의 세월을 가로질러 무령왕의 일생이 우리에게 보여주는 것은 한 나라의 지도자가 준비한 국가 발전 전략이 미래의 역사를 결정한다는 분명한 사실이다.

한국사傳 3

2

1453년 10월 10일은 조선의 역사가 바뀐 날이었다.

조선 초기 최대의 정변이었던 계유정난의 밤.

망설이던 수양대군이 마침내 결단을 내렸다.

문 밖으로 나온 수양대군 앞에 그녀가 서 있었다.

그리고 16년 후,

열세 살의 어린 왕 성종 곁에 또 그녀가 있었다.

조선 초기, 역사의 격랑을 헤쳐 나온 세조비 정희왕후,

나라의 기틀을 세워가던 조선의 중심에 그녀가 있었다.

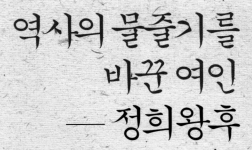

역사의 물줄기를
바꾼 여인
── 정희왕후

520여 년의 조선 역사를 이끌었던 임금은
모두 27명, 왕후는 37명이었다.

조선의 임금에 대한 이야기는 일반에 잘 알려져 있지만

왕후의 경우는 그렇지 못하다.

또 몇몇 왕후는 궁중 암투의 주역 정도로만 기억되고 있는 게 사실이다.

그런데 조선 초기, 역사의 물줄기를 바꾼 왕후가 있었다.

바로 수양대군 세조(1417~1468)의 부인인 정희왕후(貞熹王后 · 1418~1483)다.

정희왕후는 세조, 예종, 성종 등 조선의 세 임금과 운명을 같이했다.

세조의 부인이자 예종의 어머니, 그리고 성종의 할머니였던 정희왕후는

특히 성종 대에 우리나라 최초로 왕을 대신하여 정사를 돌본 인물이기도 하다.

그런데 원래 정희왕후는 평범한 사가(私家)의 막내딸이었다.

사가 출신의 그녀가 어떻게 왕후의 자리에 오를 수 있었을까?

사가의 소녀에서 왕후로

경기도 파주시 교하에는 파평 윤씨 정정공파의 중시조인 윤번(尹璠 · 1384~1448)과 그 후손들의 묘역이 조성되어 있다. 윤번은 당시 명문가

의 후예였지만 벼슬은 비교적 한직
에 머물러 있었다. 윤번은 모두 3남
7녀를 두었는데 족보에는 사위들의
이름도 남아 있다. 그러나 막내딸은
사위 이름 대신 정희왕후라 적혀 있
다. 윤번의 막내 사위는 수양대군,
즉 세조였다.

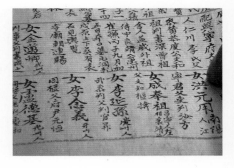

파평 윤씨 족보.

원래 정희왕후의 집안은 평범했
지만 어린 시절 정희왕후는 결코 평
범하지 않았다. 어느 날 윤번의 집
에 궁궐에서 손님이 찾아왔다. 수양
대군의 혼처 자리를 알아보려는 감

사위 대신에 막내 딸인 정희왕후의 이름이 올라가 있다.

찰각시였다. 정희왕후의 언니를 선보러 온 자리였다. 그런데 그 자리에 정희왕후가 불쑥 끼어들었다. 정희왕후는 아직 나이가 어렸다. 짧은 옷을 입고 머리를 땋은 정희왕후가 당돌하게 다가오자 부인이 나무랐다.

네 차례는 아직 멀었다. 어찌 감히 나왔느냐? —《송와잡설松窩雜說》

그러나 감찰각시는 "그 아이의 기상이 범상치 않아 보통사람과 비할 바 아닙니다. 다시 보기를 청합니다" 하며 어린 정희왕후를 보기 원했고, 그 자리에서 언니 대신 정희왕후를 선택했다. 그때 정희왕후의 나이 열한 살이었다.

신명호 부경대학교 사학과 교수는 정희왕후의 어린 시절에 관한 기록에 "몸이 좋았다는 표현이 등장하는 것으로 볼 때 체격이 아버지 윤번을 닮아 몸이 넉넉했으리라 생각되고, 혼처를 알아보는 자리에 끼어들어 이야기하는 것으로 보아 적극적인 성격이었던 것 같다"고 설명한다.

이렇게 해서 열한 살의 어린 나이에 정희왕후는 언니를 대신하여 수양대군(당시 열두 살)과 혼례를 치렀다. 수양대군은 세종의 둘째 아들로, 세자가 아니었기에 궁궐에서는 살 수 없었다. 그러나 세종과 소헌왕후(昭憲王后 · 1395~1446)는 둘째 며느리인 정희왕후를 궁궐로 자주 불러들였다. 시아버지 세종의 각별한 관심으로 그녀는 궁중 법도를 익혀갈 수 있었다. 정희왕후도 자신을 각별히 대해준 시부모에게 이른 아침부터 밤늦게까지 효성을 다했다. 정희왕후는 궁중에서 첫째와 둘째 아이까지 낳았다. 원래 조선 왕실의 법도로 따지면 둘째 며느리부터는 궁중에서 아이를 낳을 수 없었다. 신명호 교수는 이것 또한 세종이 정희왕후를 예뻐했기 때문에 가능했던 일이라고 설명한다. 그리고 아마 소헌왕후가 권유한 일이었을 거라고 짐작한다. 그만큼 정희왕후는 시부모의 각별한 사랑을 받고 있었다.

사실 세종은 엄격한 시아버지였다. 첫째 며느리 휘빈 김씨와 두 번째 세자빈인 봉씨를 조신하지 못하다는 이유로 궁궐에서 내쫓을 정도였다.

> 휘빈 김씨를 사제로 내쫓다. —《세종실록》 세종 11년 7월 18일
>
> 봉씨를 폐출하여 서인으로 삼아 사제로 돌려 보냈다. —세종 18년 10월 26일

세종은 왜 다른 며느리와 달리 정희왕후를 총애했을까? 이에 대해 임혜련 숙명여대 사학과 박사는 정희왕후가 다른 며느리들과는 처지가 달랐다고 말한다. 즉 "정희왕후의 경우에 외척이나 친정 세력들이 정치에 참여해 부정부패를 일으킨다든가 권력을 이용해 횡포를 부린다든가 하는 일은 없었다"는 것이다.

세종이 재위 32년 만에 죽자 조선 역사에 검은 구름이 드리우기 시작했다. 문종(1414~1452)이 병약해 일찍 죽자, 1453년에 어린 단종(1441~1457)이 즉위했다. 그러자 김종서(金宗瑞·1390~1453), 황보인(皇甫仁·?~1453) 등의 훈구대신들이 실권을 장악했다. 이들은 왕의 인사권까지 좌지우지했다. 이른바 황표정사(黃票政事)가 그것이었다.

최정용 창원대학교 사학과 박사는 황표인사의 예를 다음과 같이

안평대군의 별장 무계정사. 종로구 부암동.

설명한다. "A, B, C 세 사람의 후보 중에 A를 의정부에서 임명하고자
할 경우에 A 밑에 황표, 즉 황색의 표시를 부착해 국상 중에 있는 단
종에게 가져간다. 당시 관료의 상황에 대해 잘 모르던 단종은 황표가
찍혀 있는 A 밑에 점을 찍음으로써 이를 승인한다." 관료 인사에서
왕의 승인을 받는 형식만 갖췄을 뿐 실질적으로는 의정부가 좌지우
지한 것이다.

김종서와 황보인 외에 제3의 정치세력도 있었다. 세종의 셋째 아들
인 안평대군(安平大君·1418~1453)이었다. 그는 자신의 별장인 무계정
사(武溪精舍)에 장사들을 모아 군사훈련을 시켰다. 함경도 경성의 무
기까지 옮겨다 무력을 양성했다. 급기야 안평대군이 김종서와 가까
워지자 수양대군은 고립될 처지에 놓였다.

이때 정희왕후가 움직였다. 그녀는 수양대군의 부족한 인맥을 혼맥

으로 형성해나갔다. 당시 실세였던 한확(韓確·1403~1456)과 혼사를 맺은 것이 대표적이다. 한확은 후에 왕명으로 신도비가 세워질 정도로 세력이 막강했다. 특히 그 누이가 명나라 3대 왕 성조(聖祖·1360~1424)의 비(麗妃)가 되면서 외교통으로 이름이 높았다. 정희왕후는 훗날 인수대비가 되는 한확의 딸 소혜왕후(昭惠王后)와 자신의 아들 덕종(1438~1457)의 혼사를 추진하여 성사시켰다.

한확 신도비. 경기도 남양주시.

정희왕후는 의정부 대신들 사이에 발생한 균열도 철저히 이용했다. 정인지(鄭麟趾·1396~1478)가 김종서 등 의정부 대신들의 전횡에 불만을 표출하는 일이 잦자, 이번에는 정인지의 아들 정현정(鄭顯程)과 자신의 딸(의숙공주)의 혼사를 성사시킨 것이다.

이처럼 정희왕후는 혼인관계를 통해 수양대군의 세력을 불려나갔다. 이는 그녀의 탁월한 정치적 감각에서 비롯된 일이었다. 고립되어 있던 수양대군에게 사람들이 모여들기 시작했다. 한명회(韓明澮·1415~1487), 권람(權擥·1416~1465) 등 나중에 수양대군과 함께 계유정난(癸酉靖難)을 일으키는 인물들이다. 이들이 만나는 자리에 정희왕후가 함께했다는 기록은 없으나 수양대군은 그녀에게 이들을 소개하는 것을 주저하지 않았다. 정희왕후의 막후 역할을 짐작케 하는 대목이다.

신명호 교수는 "수양대군이 사랑방에서 한명회, 권람 등의 인물과

모의를 한 후, 안방으로 건너가 부인과 다시 의논을 하고 조언을 들었을 것"으로 추정한다. 정희왕후가 사실은 막후에서 세조에게 막강한 영향력을 행사했을 것이라는 말이다. 겉으로 드러나지 않게 내조하는 것이 사람들에게 좋은 모습으로 비치리라는 점도 염두에 둔 행동이었을 것이다.

드디어 수양대군이 거사를 결심했다. 1453년 10월 10일, 계유정난의 밤에 측근들이 모여들었다. 그런데 거사를 앞두고 측근들의 의견이 둘로 나뉘었다. 임금께 이 일을 알려야 하는지 여부를 놓고 마찰이 생긴 것이다.

수양대군 역시 망설였으나 마침내 결심을 굳히고 문을 박차고 나섰다. 그때 문 밖에 서 있던 부인 정희왕후를 보고 수양대군은 깜짝 놀란다. 그녀가 갑옷을 든 채 수양대군이 나오기만을 기다리고 있었던 것이다.

> 중문에 나오니 정희왕후가 갑옷을 끌어 입혔다.
>
> —《연려실기술》 4권 단종조 고사본말

그녀는 수양대군에게 갑옷을 입혀주었다. 목숨을 걸고 정변을 선택한 남편. 정희왕후는 그런 남편에게 갑옷을 입혀줌으로써 무언의 지지와 격려를 보낸 것이다. 수양대군의 계유정난은 전광석화처럼 진행됐다. 수많은 대신들이 목숨을 잃었으며 김종서와 황보인, 조극관(趙克寬·?~1453) 등 이른바 살생부에 이름이 오른 의정부 대신들은 그 누구도 살아남지 못했다.

수양대군의 야망은 정변에 그치지 않았다. 수양대군은 어린 조카 단종의 왕위까지 차지해버렸다. 1455년, 기어코 수양대군이 단종의 뒤를 이어 세조로 즉위한 것이다. 정변이 발생한 지 3년 만의 일이었다.

정희왕후의 신분도 달라졌다. 세조의 비, 즉 왕후가 된 것이다. 당돌한 소녀에서 대군의 아내가 되고, 다시 정변을 통해 마침내 국모의 자리에 오른 정희왕후. 그녀는 정변이라는, 목숨을 잃을 수도 있는 상황에서 결단력과 대담성을 발휘해 권력의 중심에 화려하게 올라섰다.

세조의 정치적 파트너

정희왕후와 세조의 관계는 매우 이례적이었다. 세조는 정희왕후에게 자주 정치적 의견을 물었다. 그때마다 정희왕후는 자신의 의견을 개진했고 세조는 이를 적극 받아들였다. 최정용 박사는 "정희왕후는 세조의 정치적 조언자였고, 두 사람은 상호간에 존경과 인식의 공유가 깊었던 동반자 관계였다"고 설명한다. 또한 "상당히 절제된 세조의 여성 관계를 볼 때 두 사람이 돈독한 부부관계를 유지했을 것"이라고 추정했다.

《세조실록》을 보면 정희왕후와 세조의 관계를 짐작할 수 있는 기록이 많이 발견된다. 특히 왕후에 대한 기록이 유난히 자주 등장하는 점이 눈에 띈다.

세조가 피부병을 고치기 위해 찾았던 제천 복천암.

임금(세조)이 중궁(정희왕후)과 더불어 강녕전에 나아가서 연회를 베풀었다.

—《세조실록》세조 4년 6월 15일

세조가 백성들의 농사 사정을 돌보는 자리에도 왕후가 함께했다. 심지어는 여우 사냥 때도 세조는 정희왕후와 동행했고, 활쏘기를 할 때도 곁에는 늘 정희왕후가 있었다.

임금이 중궁과 더불어 동교(東郊)에 거둥하여 사냥하는 것을 구경하였다.

—《세조실록》세조 8년 2월 27일

임금이 중궁과 더불어 후원에서 활 쏘는 것을 구경하였다.

—《세조실록》세조 5년 9월 24일

정희왕후는 세조에게 없어서는 안 될 존재였다. 그녀는 단순히 아내가 아니라 정치적 조언자요, 동반자였던 것이다. 그러나 정희왕후는 개인적으로는 불행한 여인이었다.

즉위 후 7~8년이 지나면서 세조의 지방 순행이 잦아졌다. 속리산 자락의 제천 복천암(福泉庵)에 세조의 잦은 순행 이유를 엿볼 수 있는 기록이 남아 있다. 세조는 한 달여에 걸친 순행 끝에 복천암까지 갔다. 《복천암기》는 세조가 그곳에서 사흘간 법회를 열었다고 기록하고 있다.

大設法會約三日　　대설법회약삼일

—《복천암기》

병을 치료하기 위한 법회였다. 악성 피부병에 시달렸던 세조는 병을 고치기 위해 전국의 산천을 찾아다녔다.

오대산 상원사(上院寺)에는 세조의 병과 관련된 이야기가 전해 내려온다. 어느 날 세조가 상원사에 와서 관대걸이에서 목욕을 하고 있는데, 한 동자가 지나갔다. 이를 본 세조가 등을 밀어달라고 부탁하자 그 동자는 다가와서 시원하게 등을 밀었다. 세조는 동자에

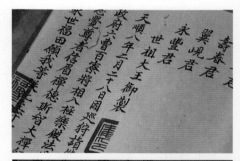

《복천암기》에는 세조가 복천암에서 사흘간 법회를 열었다는 기록이 남아 있다.

상원사.

상원사 문수동자좌상. 국보 제221호.

게 임금님의 등을 밀어줬다는 말을 다른 사람에게 하지 말라고 부탁했다. 그러자 동자도 "문수동자 봤다고 하지 마세요"라고 말하고 사라져버렸다. 그 후 세조의 피부병이 말끔히 사라졌다는 이야기다.

병만이 아니었다. 계유정난을 일으키고 어린 조카 단종을 죽였다는 죄의식 때문이었을까? 세조는 자주 악몽에 시달렸다. 그 모든 것이 정희왕후에게는 남모르는 고통이었다. 남편 세조의 고통은 고스란히 정희왕후의 고통이 되었다. 고통을 극복하기 위해 그녀는 불교에 의지하기도 했다. 그러나 불행은 끊이지 않았다.

세조 3년, 큰아들 의경세자(덕종)가 스무 살의 젊은 나이로 죽었다. 세조 6년에는 둘째 며느리가 산후 5일 만에 죽고, 그 3년 뒤에는 세 살 된 인성대군(仁城大君)마저 목숨을 잃었다. 잇따른 혈육의 죽음은 견디기 힘든 고통이었다. 그러나 사십대의 정희왕후가 감당해야 했던 불행은 그것으로 끝이 아니었다. 1468년, 세조마저 52세의 나이로 승하했다. 이제 정희왕후는 홀로 남고 말았다. 아픔을 달랠 겨를도 없이 정희왕후에게 또다시 역사의 격랑이 몰아친다.

왕실 최고의 어른이 되다

1469년, 세조의 뒤를 이은 조선 8대왕 예종이 즉위 14개월 만에 갑자기 승하했다. 11월 28일 진시(辰時; 오전 8시)의 일이었다. 예상치 못한 죽음이었다. 조정은 다급해졌다. 당장 왕위 계승자를 결정짓는 일이 급선무였다. 당시 후계자를 지명할 수 있는 권리는 누구에게 있었을까?

신병주 건국대학교 사학과 교수에 따르면 "보통 왕이 사망한 후 후계자를 지명할 수 있는 형식상의 권리는 왕대비나, 왕실의 할머니가 살아 있을 경우에는 대왕대비에게 있었다"고 한다. 예종이 사망했을 당시 예종의 비 안순왕후(安順王后)가 있었으나 왕실의 더 큰 어른이었던 정희왕후가 생존해 있었기 때문에 결국 정희왕후가 왕위 지명권의 최종 행사자였다. 정희왕후는 예종의 적장자를 왕으로 정하지 않고 먼저 대신들의 의견을 물었다.

> 정희왕후: 그래, 주상으로는 누가 좋겠소?
> 대신: 신 등은 감히 아뢸 바가 아니니 원컨대 전교를 듣고자 합니다.

둘째 아들 예종의 갑작스런 죽음에 따른 충격 속에서 다음 후계자
를 선택해야 하는 숨 막히는 순간, 정희왕후는 누구도 예상치 못한
선택을 한다. 왕실 법도상 적장자는 예종의 아들 제안대군(齊安大君)
이었다. 그러나 그의 나이는 네 살로 너무 어렸다. 그 다음 서열은 요
절한 의경세자의 큰아들 월산대군(月山大君). 그러나 정희왕후는 가장
낮은 순번의 후보인 자산대군, 곧 성종을 선택한다. 왜 그랬을까? 소
설《여걸 정희왕후》의 황천우 작가가 전해주는 다음의 일화를 통해
정희왕후의 마음을 짐작해볼 수 있다.

언젠가 천둥번개가 내리치던 날, 세조와 정희왕후, 그리고 자산군

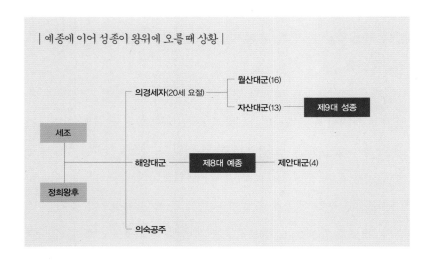

| 예종에 이어 성종이 왕위에 오를 때 상황 |

은 대청마루에서 내시가 번개에 맞아 불 타 죽는 장면을 목격하게 된다. 모든 사람이 도망을 가는 와중에도 어린 자산군은 상황이 어떻게 진행되는지 유심히 살펴보았다. 정희왕후는 이를 보고 자산군이 어린 나이지만 담대하고 왕의 자질을 갖추었다고 생각한다.

물론 정치적인 이유도 있었다. 예종이 후계자를 미처 지명하지 않은 상태에서 죽었기 때문에 자칫하면 왕위 계승을 둘러싼 정치적 혼란이 야기될 수 있었다. 특히 세조의 집권 과정에서 초래된 정치적 혼란을 경험한 정희왕후로서는 왕위 계승자 문제가 최대의 관심사였을 것이다. 퇴계학연구소의 김우기 박사는 이런 정황을 고려했을 때 "정국의 안정을 위해 한명회와 같은 원상(院相)의 도움이 절대적이었기 때문에 한명회의 사위인 자산대군을 선택했던 것"으로 보인다고 설명한다.

그런데 더 놀라운 일이 벌어졌다. 후계자가 결정된 그날 바로 왕의 즉위식이 거행된 것이다. 오후 3시, 즉 예종이 죽은 지 겨우 일곱 시간 만에 열세 살의 어린 성종이 즉위했다. 신병주 교수에 따르면 이런 정치 일정은 조선 역사상 매우 이례적인 것이었다. 연산군을 폐위한 중종반정이라든가 광해군을 폐위한 인조반정 같은 비상시국에서 반대파에게 정치적 반격의 빌미를 주지 않으려고 하루 만에 즉위를 거행하는 경우는 있었다고 한다. 그런데 성종의 즉위식은 정변이 일어나지 않은 상황인데도 당일에 이루어졌다. 성종을 반대하는 정치 세력에 밀리지 않으려는 계산이자, 정치적 파장을 최소화하려는 정희왕후의 결단이었다.

성종의 방패막이를 자처하다

과감한 정치적 결단을 내려 열세 살의 어린 성종을 등극시킨 정희왕후는 이제 조선의 실권을 한 손에 쥐게 됐다. 혹시 그녀의 이런 선택과 행보가 권력을 향한 욕구에서 비롯된 것은 아닌지 의문이 들 수 있다. 성종의 등극 이후 정희왕후는 어린 성종을 대신하여 정사를 돌보았다. 그때 정희왕후가 어떤 행보를 보이는지 살펴봄으로써 위 의문에 대한 판단을 내릴 수 있을 것이다. 조선 최초로 청정(聽政)을 하면서 정희왕후가 진정으로 원했던 것은 무엇이었까?

정희왕후의 청정은 창덕궁 보경당(寶慶堂)에서 이루어졌다. 그런데 특이한 점은 일반적으로 알려진 것과 달리 발이 쳐져 있지 않았다는 사실이다.

> 정희왕후 때의 '일기'에는 수렴(垂簾)한 사실이 보이지 않는다.
>
> —《명종실록》명종 1년 7월 9일

정희왕후 이후 수렴청정이 이루어진 것은 명종 대 문정왕후에 의해서였다. 임혜련 박사에 따르면 "그때 정희왕후의 수렴청정을 선례로 삼기 위해 조사했으나 수렴을 한 기록, 즉 발을 설치했다는 기록을 찾지 못했다"고 한다.

처음 청정이 거론되었을 때 정희왕후는 자신은 문자도 모르고 덕도 부족하니 성종의 생모인 인수대비가 청정을 맡는 게 좋겠다며 사양했다. 그러나 원상들은 인수대비의 청정을 반대했다.

대왕대비가 수렴청정을 인수왕비가 하도록 이르니 원상들이 불가함을 아
뢰다. —《성종실록》 성종 1년 4월 20일

　대신들은 거듭 정희왕후의 청정을 요구했고 결국 정희왕후는 이를
받아들였다. 정희왕후는 왜 청정을 부득 사양했을까? 김우기 박사는
"정희왕후가 형식적으로 사양했다기보다는 인수대비에 대한 우호적인
마음에서 청정을 양보했던 것"이라고 설명한다. 즉 정희왕후의 본심에
서 나온 말이라는 것이다. 정희왕후의 수렴청정이 권력욕에서 나온 것
이었다면 처음부터 양보를 하지는 않았을 것이다.
　청정을 시작한 정희왕후가 가장 신경을 쓴 것은 성종의 교육이었
다. 성종 즉위년부터 정희왕후는 경연(經筵)의 틀을 잡아나갔다. 경연
이란 임금이 학문을 닦기 위하여 학식과 덕망이 높은 신하를 불러 경
서(經書) 및 왕도(王道)에 관하여 강론하게 하던 일을 말한다. 정희왕
후는 경연장에 늘 참석했다. 경연이 시원찮은 신하는 쫓아내기도 했
다. 또한 아침과 낮의 교육 내용이 다르면 성종에게 혼동을 줄까 염
려하여 강연자를 동일한 사람으로 할 것을 명하기도 했다.

　　대왕대비가 아침 강연에 참여한 당상관이 낮 강연에도 나가도록 명하다.

　　　　　　　　　　　　　　　　　　　　　　　—《성종실록》 성종 1년 1월 8일

　그리고 원상, 즉 원로 대신들로 구성된 임시 국정 의논 관직은 경
연에 참석하지 않는 것이 일반적이었으나 정희왕후는 이들의 참석도
요구했다. 이는 경연장에서 국사도 함께 논의하여 원상들의 협조를

이끌어내려는 의도였다.

그 후 이른바 위차(位次) 문제가 터져 나오자 정희왕후는 성종의 보호에도 적극 나섰다.

세조의 큰 아들인 의경세자가 일찍 죽고 둘째 아들이 예종이 되자 인수대비와 안순왕후의 위차, 즉 위계가 바뀌었다. 손아래 동서가 왕비가 되면서 서열이 위로 올라간 것이다. 그런데 성종이 즉위하자 왕의 생모인 인수대비를 다시 안순왕후 위로 올린 것이 화근이었다. 이를 강력히 비난하는 대신들의 상소와 항의가 빗발쳤다. 그러자 정희왕후가 전면에 나섰다.

> 이 일은 실로 내가 명한 것이고 주상은 본심이 아니거늘 도리어 주상의 과실이라 하니 주상의 뜻이 편하겠는가?

모든 과실과 허물을 정희왕후 자신의 탓으로 돌린 것이다. 정희왕후는 성종을 위한 일이라면 무엇이든 했다. 아들인 예종의 상도 3년에서 1년으로 줄여버렸다. 성종의 부담을 줄여주기 위해서였다. 그뿐 아니라 왕권에 위협이 될 가능성이 있으면 종친세력도 과감히 숙청했다. 성종 1년에는 친족인 양주 목사 윤호가 도둑으로 오인해 무고한 사람을 죽이자, "윤호가 비록 나의 족친일지라도 어찌 형벌을 잘못하여 사람을 죽여도 좋겠느냐"며 국문을 명했다.

또 세종의 손자이자 세조의 조카인 귀성군 이준(李浚)이 역모를 꾀했다는 이유로 경상도 영해로 귀양 보내기도 했다.

성종이 즉위한 지 3년이 지나자 정희왕후는 한 걸음 뒤로 물러서고, 성종 혼자 대신들과 정사를 논의하게 되었다. 하루빨리 정사를 돌볼 수 있게 만들려는 정희왕후의 배려였다. 그러나 그 후에도 성종은 할머니 정희왕후를 자주 찾았다. 중요한 일은 꼭 정희왕후에게 물어본 다음 결정했다. 혹시라도 자신의 판단이 잘못되지 않았을까 하는 우려 때문이었다. 그러면서 성종은 서서히 홀로서기를 해나갔다.

김우기 박사는 "왕권을 빠른 시일 안에 안정시키기 위해서는 성종의 홀로서기가 불가피했기 때문에, 정희왕후가 후원자 내지는 보조자의 역할로 물러선 것"이라고 해석한다.

이 무렵 정희왕후가 또 하나 마음을 쓴 일이 있었다. 그것은 남편 세조가 일으켰던 계유정난의 상처를 치유하는 일이었다. 정희왕후는 계유정난 때 숙청된 인사들과 역모에 가담한 대신들을 두 차례에 걸쳐 사면했다. 또한 단종의 비였던 송씨에게는 의복과 식량을 내리도록 했다.

> 대왕대비가 단종의 처 송씨에게 옷과 양식을 공급하라고 하교하다.
>
> —《성종실록》 성종 3년 5월 23일

그리고 마지막으로 꼭 해야 할 일이 있었다. 요절한 의경세자, 즉 성종의 생부인 덕종을 세자에서 왕으로 격상시키는 일이었다. 역대 왕들의 신주가 모셔진 종묘(宗廟) 영녕전에는 나중에 왕으로 추대된 추존왕(追尊王)

성종의 아버지인 덕종의 신주. 종묘 영녕전.

정희왕후 이후 조선시대 수렴청정의 역사		
임금	수렴청정한 인물	수렴청정 기간
1546년 명종(당시 12세)	중종의 계비(繼妃) 문정왕후(文定王后)	8년
1557년 선조(당시 15세)	명종의 비 인순왕후(仁順王后)	1년
1800년 순조(당시 11세)	영조의 비 정순왕후(貞純王后)	3년
1834년 헌종(당시 8세)	순조의 비 순원왕후(純元王后)	6년
1849년 철종(당시 19세)	순원왕후	1년
1863년 고종(당시 12세)	익종의 비 조대비(趙大妃)	2년

들의 신주도 모셔 놓았는데, 여기에 덕종의 신주도 나란히 있다. 이로써 성종은 요절한 세자의 아들이 아니라 왕의 아들이 되었다. 성종의 정통성을 확고히 하려는 정희왕후의 의지였다.

어린 왕에서 정통성과 자질을 겸비한 어엿한 성군으로 성장한 성종. 그의 뒤에는 모든 비난을 무릅쓰고 성종과 조선을 든든한 반석위에 올려놓으려 한 정희왕후가 있었다. 정희왕후 이후 조선에서는 여섯 번의 수렴청정이 이루어진다.

수렴청정은 일반적으로 역사에서 역기능을 해온 게 사실이다. 특히 순조 이후 철종 때까지 척신(戚臣) 안동 김씨의 60년 세도정치는 조정의 문란, 부정부패, 매관매직의 성행 등을 초래했다. 탐관오리의 득세로 민생은 도탄에 빠졌고, 민심이 흉흉하여 홍경래의 난이 일어나는 등 나라가 어지러웠다.

반면에 "정희왕후의 수렴청정은 왕이 정국을 운영할 수 있는 능력을 함양시켰다는 점에서 순기능의 좋은 예"라고 임혜련 박사는 지적한다. 어린 왕이 즉위하여 자칫 정부가 혼란스러워질 수도 있을 때, 왕실의 가장 어른이던 대왕대비가 왕을 보좌해서 정치를 담당함으로써 불안 요소를 제거했다는 것이다.

정희왕후의 아름다운 퇴장

글자도 모르는 정희왕후가 청정
을 하면서 바랐던 것은 바로 성
종의 왕권을 튼튼한 반석 위에
올려놓는 것이었다. 이를 위해
그녀는 숱한 비난을 무릅쓰고
성종의 정통성을 확립하면서 성
종 스스로 국사를 이끌어갈 수
있도록 세심한 배려를 했다. 또

《성종실록》에 등장하는 호패법에 관한 기록.

한 정희왕후는 백성들의 민생을 위한 과감한 정책을 펼치기도 했다.
이는 그녀가 권력욕의 화신이 아니라 탁월한 정치인이자 어린 왕의
든든한 후견인이었음을 보여준다.

정희왕후가 추진한 대표적인 민생 정책은 호패법을 폐지한 일이다.
조선 초기, 호패법은 좋은 취지에도 불구하고 백성들에게는 큰 고통
이었다.

대왕대비가 원상에게 전교하기를, "듣건대 호패(號牌)와 군적(軍籍)의 법이
제정된 이후로 백성들이 빈곤하다고 한다. 옛날에 내가 세조의 거둥을 따

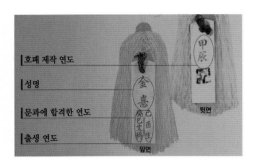

| 호패 제작 연도
| 성명
| 문과에 합격한 연도
| 출생 연도

뒷면

앞면

과거급제자의 호패에 들어가는 내용.

라갈 때 어떤 사람이 글을 올려 울면서 호소하는 것을 보았는데, 모두가 호패와 군적의 불편함을 말하고 있었다. 백성들의 싫어하고 괴롭게 여김이 이 지경에 이르게 되었으니 무엇이 나라에 이익이 있겠는가?'

—《성종실록》성종 즉위년 12월 4일

과거 급제자 호패

생원 · 진사 시험 합격자 호패

포천 주민의 호패　　수원 주민의 호패　　한양 주민의 호패

조선시대 호패들.

호패는 신분에 따라 그 모양이나 내용이 달랐다. 과거 급제자의 호패는 이른바 백패(白牌)로 급제자의 이름과 생년, 그리고 급제 연도가 새겨져 있었다. 특권층에게 호패는 훌륭한 신분증이었다. 그러나 일반 백성들에게는 달랐다. 일반 백성의 호패에 새겨진 개인 신상 기록은 세금을 매기기 위한 기초 자료였다. 이효종 학예연구사에 따르면 "양인 이하의 계층이 호패를 착용한다는 것은 국가 군역을 포함하여 각종 역을 부담해야 한다는 것을 의미했기에 백성들이 호패 착용을 기피했다"고 한다.

가혹한 국역을 피하기 위해 죽은 사람의 호패를 차는 등 불법적인 일도 벌어졌다. 호패는 세금뿐만 아니라 군역의 의무까지 새겨진 하나의 멍에였다. 이처럼 폐해가 많은 호패법을 폐지한 것은 당시 비싼 물가로 인한 백성들의 부담을 줄이려는 정희왕후의 민생 안정책이었다.

또한 백성들이 양반에게 직접 세금을 내는 대신 나라에서 세금을 거둬 양반에게 나눠주는 이른바 관수관급제(官收官給制)를 시행했다. 이 역시 백성의 고통을 줄이기 위한 정책이었다. 더 나아가 정희왕후는 왕실의 고리대금업도 그 수를 크게 줄였다.

내수사의 장리(고리대금업)소, 325곳을 혁파하다.

—《성종실록》성종 3년 1월 26일

이로써 백성들은 높은 이자의 고통에서 벗어날 수 있었다. 민생에 대한 정희왕후의 관심은 계속되어 양잠(蠶室)과 뽕나무 재배를 적극 권장했고, 경상도에 기근이 들자 왕실 살림살이를 대폭 줄였다. 1471년 4월 2일자《성종실록》에는 "2년 경상도에 기근이 심하여 민생이 염려되니 대비전에 진상하는 물건을 올리지 말

세금 수취 관헌들이 차고 다니던 패.

라"고 한 기록이 등장한다. 백성들의 생활이 안정되는 것이 나라의 근본이라고 여겼기 때문이다.

친인척 관리도 철저했다. 비록 족친이라 하더라도 불법 행위는 결코 용납하지 않았다. 그녀의 관심은 오로지 조선왕조를 튼튼한 반석 위에 올려놓는 것이었다. 이렇듯 성종의 치세를 안정시키기 위해 고

군분투하던 정희왕후는 성종 7년(1476), 놀라운 결단을 내린다.

> 나는 지식도 적고 우매한 자질로 국정에 참여했으니 사필을 더럽힐까 두렵
> 습니다. 이후론 주상께서 홀로 결단하시고 이 늙은이는 편히 쉴 수 있게 해
> 주심이 옳지 않겠습니까? —《성종실록》 성종 7년 1월 13일

정희왕후가 철렴(撤簾), 즉 청정 중단을 선언한 것이다. 대신들은
반대했다. 그러나 정희왕후는 뜻을 꺾지 않았다. 철렴은 예정대로 진
행되었다. 청정을 시작한 지 7년, 성종의 나이 열아홉으로 막 성년에
이르렀을 때였다. 더 이상의 청정이 필요없다는 판단에서였을까?
"이듬해에는 왕이 성인이 되니 연말에 정치를 물리겠다는 명을 내려
시간적인 공백을 두지 않음으로써 철렴을 비교적 깨끗하게 진행시켰
다"는 게 임혜련 박사의 평가다.

정희왕후는 철렴 이후로 정사에 일절 관여하지 않았다. 아름다운
퇴장이었다. 그로부터 7년 후, 정희왕후가 온양에 모습에 드러냈다.

신정비.

온양은 남편 세조가 병을 치료하기 위
해 자주 찾았던 곳이다. 차고 맑은 물
이 나온다 하여 세조가 직접 이름을 붙
인 샘, 신정(神井)이 있는 곳이다. 이곳
에서 정희왕후가 마지막으로 한 일은
남편이 자주 머물던 온양행궁을 수리
하는 것이었다. 두 며느리와 함께했던
온양행이 그녀의 마지막이었다.

광릉.

　신명호 교수는 "조선 최고의 융성기는 세종 대를 이어 성종 대에 완성"되었다며 그 '배후 인물'로 정희왕후를 지목한다. 신 교수는 그녀의 정치적 업적을 높이 사면서도 "큰아들을 비롯해 자식들 모두 자신보다 일찍 죽었으며, 심한 피부병을 앓던 남편까지 먼저 떠나 보낸" 정희왕후의 여인으로서 삶은 불행한 것이었다고 말한다.

　정희왕후는 남편 세조와의 추억이 서린 온양에서 두 며느리가 지켜보는 가운데 숨을 거뒀다. 그녀 나이 66세였다. 성종은 관례를 깨고 3년상을 주도했다.

　열한 살의 어린 나이에 왕실의 여인이 되어 66세의 나이로 눈을 감을 때까지 50여 년간, 조선의 정치적 안정을 위해 고군분투했던 철의 여인 정희왕후. 그녀는 지금 세조와 나란히 광릉에 잠들어 있다. 그녀의 시호는 정희(貞熹). 정(貞)은 '크게 생각하여 성취할 수 있었다'는 뜻이며 희(熹)는 '공이 있어 사람을 편안하게 하였다'는 뜻이다. 이 시호만으로도 그녀의 진면목을 충분히 짐작할 수 있다. 정희왕후는 한 여인으로서는 불행했으나 그 모든 불행을 이기고 조선 초기, 나라의 기틀을 잡아나갔던 진정한 조선의 여걸이었다.

한국사傳 3

3

한 여인이 슬픔에 잠겨 있다.

딸과 아들을 모두 잃은 기구한 운명.

이 여인은 조선의 천재 시인, 허난설헌이다.

그러나 여자로 태어났기에

조선에서 그녀의 시는 끝내 외면당했다.

여자여서
불행했던 시인
— 허난설헌

조선을 대표하는 여류 시인 허난설헌(許蘭雪軒 · 1563~1589)은 유명한 양반가의 딸로 태어나 글과 학문을 마음껏 익히고 이를 바탕으로 수준 높은 시를 썼다. 그런데 후세 사람들은 "조선에서 여성으로 태어나 김성립의 아내가 된 것"이 허난설헌의 세 가지 한이었다고 말한다. 허난설헌은 왜 조선에서 여성으로 태어난 것을 한스러워했을까?

중국에서 부활한 조선의 여류시인

허난설헌이 살았던 16세기, 조선은 여성이 뛰어난 재주를 가졌다고 해서 그 재능을 펼쳐 보일 수 있는 시대가 아니었다. 여성이 글을 쓴다는 것 자체를 인정하지 않았던 조선에서 허난설헌의 시는 철저히 외면당했다. 그런데 영원히 묻혀버릴 뻔한 허난설헌의 시가 중국에서 부활했다.

중국에서 가장 규모가 큰 베이징의 중국국가도서관에 소장된 《조선시선朝鮮詩選》이라는 책에 허난설헌의 시가 수록되어 있었던 것이다. 중국국가도서관의 짜오치엔 박사에 따르면 《조선시선》은 "명나라 때 만들어진 조선 시인의 시집"인데 중국에서도 매우 진귀한 고서라고 한다. 책 속에는 우리나라를 대표하는 시인들의 작품이 실려 있다. 조선시대뿐만 아니라 고려와 신라시대 시인들까지 총망라되어 있다. 신라시대 학자인 최치원(崔致遠 · 857~?)의 시를 비롯해 생육신의 한 사람인 김시습(金時習 · 1435~1493), 그리고 허매씨(許妹氏)로 기록된 허난설헌의 시 등이다. 그중 가장 많은 분량을 차지하는 것이

《조선시선》. 중국국가도서관 소장.

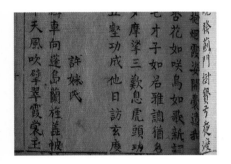

《조선시선》에 실려 있는 허난설헌의 시 부분.

바로 허난설헌의 시다. 《조선시선》은 어떻게 중국에서 출판된 것일까?

허난설헌이 죽은 이듬해인 1590년, 남동생 허균(許筠 · 1569~1618)은 집에 남아 있던 누이의 시와 평소 자신이 외우고 있던 시를 써서 한데 모으기 시작했다. 죽은 누이 허난설헌의 시집을 펴내기 위해서였다. 그렇게 허균에 의해 허난설헌의 시가 세상에 처음 나오게 됐다. 허균은 누이의 시를 당시 대문호였던 유성룡(柳成龍 · 1542~1607)에게 보여주었다. 유성룡은 허난설헌의 시를 높이 평가했다.

허균: 제 누이의 시를 모아봤습니다. 선생님의 고견을 들어보고 싶습니다.

유성룡: 훌륭하도다. 부인의 말이 아니로구나. 어떻게 하여 허씨 집안에 뛰어난 재주를 가진 사람이 이토록 많단 말인가. 돌아가 간추려서 보배롭게 간직하여 한 집안의 말로 비치고 반드시 전하도록 하는 것이 옳다.

—《서애집西厓集》

이후 임진왜란이 발발했고, 명나라는 조선을 지원하기 위해 군대

를 파병했다. 당시 명나라 지원병과 함께 사신
들이 조선을 찾았는데 그중 오명제(吳明濟)란
이가 있었다. 조정은 말재주가 뛰어난 허균을
보내 사신을 맞이하게 했다. 마침 문인이었던
오명제는 조선의 시와 문장을 수집하고 있었
다. 이때 허균은 다른 조선 문인의 시와 함께
허난설헌의 시 200편을 오명제에게 건네준다.
오명제는 허난설헌의 시에 큰 관심을 표했다.
명나라로 돌아간 오명제는 1600년에 이 시들
을 모아 《조선시선》을 출판했다. 중국의 문인

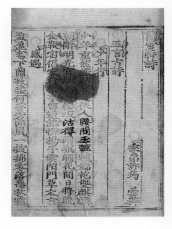

허균이 편찬한 난설헌 시집.

들은 조선의 시 중에서 특히 허난설헌의 시에 큰 관심을 보였다.

> 내가 북경으로 돌아오자, 문인들이 내가 돌아왔다는 소식을 듣고 모두 조
> 선 시와 허난설헌의 신선시를 구하고 싶어했다. ─《조선시선》 서문

이후 명나라 사신들이 조선에 오면 허난설헌의 시를 얻어가고 싶
어했고, 그런 이유로 허균을 찾았다. 그만큼 허난설헌의 시는 명나라
에서 큰 인기를 끌었다. 중국 땅에서 최초의 한류 열풍이 분 것이다.
특별히 허난설헌의 시가 당시 중국에서 유행한 까닭은 무엇일까?
치칭푸 중앙민족대학 교수는 "명 말기에 여성 시가 유행하면서 많
은 여성 시인과 시집이 등장한 분위기"를 먼저 꼽았다. 여기에 조선
에도 여성 시인이 있음은 물론 그 수준도 높다는 것을 알았는데, 그
주인공이 바로 허난설헌이었다는 것이다.

허난설헌의 시가 소개된 중국의 책들.

이후에 허난설헌의 시는《긍사亘史》,《양조평양록兩朝平攘錄》등 여러 책에 수록되어 중국 시단에 신화처럼 이어져 내려왔다. 뿐만 아니라 1700년대에는 일본에서도 시집이 간행되어 널리 애독되기에 이른다.

하늘이 내린 글재주

역사에서 사라질 뻔한 허난설헌의 시는 남동생 허균 덕분에 오늘날까지 전해지게 되었다. 허난설헌의 아버지 초당 허엽(許曄 · 1517~1580)은 홍문관 부제학, 동지중추부사 등을 지냈으며 동인과 서인의 당쟁에서 동인의 영수가 된 사대부의 지도급 인물이었다. 그는 첫째 부인에게서 아들 허성(許筬 · 1548~1612)을 낳았고, 둘째 부인 슬하에 아들 허봉(許篈 · 1551~1588)과 허난설헌, 그리고 허균을 두었는데 모두 문장이 뛰어나서 후대에 '허씨 오문장가'로 불린다.

허난설헌의 아버지 허엽의 호 '초당'을 따서 지은 강릉시 초당동.

허난설헌의 생가.
강릉시 초당동.

하지만 성리학이 지배하는 조선 사회에서 여성이 한문을 배운다는 것은 결코 쉬운 일이 아니었다. 왕실의 공주에게도 한글 이상은 가르치지 않던 시절이었다. 그렇다면 허난설헌은 어떻게 한문을 배워 한시를 짓게 된 것일까?

허난설헌의 아버지 허엽은 글공부를 가르칠 때 아들딸 구별을 두지 않았다. 덕분에 허난설헌은 동시대 다른 여성들과 달리 다양한 학문을 익힐 수 있었다. 장정룡 강릉대학교 교수는 "초당이 허난설헌을 일개 여성이 아닌 하나의 인간, 인격체로 봤기 때문에" 가능했던 일이라고 말한다. 조선 사회는 여성이 부덕(婦德)을 갖추는 것을 최고의 미덕으로 여겼다. 그에 비하면 초당의 여성관은 오늘날의 양성 평등과 일맥상통하는 것이었다.

허난설헌은 동생 허균에게 직접 글을 가르치기도 했다. 허균이 시를 지으면 잘못된 부분을 지적할 정도로 문학 실력이 뛰어났다. 허균역시 누이의 시를 높이 평가했는데, 이는 그의 저서인 《학산초담鶴山樵談》에 잘 나타나 있다.

누님의 시문은 모두 천성에서 나온 것들이다. 시어(詩語)가 모두 맑고 깨끗하여, 음식을 익혀 먹는 속인으로는 미칠 수가 없다. —《학산초담》

허난설헌의 천부적인 글재주는 이미 어린 시절부터 두각을 드러냈다. 중국 문헌인 《양조평양록》에는 "허난설헌은 허균의 누이로 8세에 능히 시를 지었으며, 여신동으로 칭해졌다"라는 기록이 전한다. 또

〈광한전백옥루상량문〉.
허균·허난설헌 기념관 소장.

허균·허난설헌 기념관. 강원도 강릉시.

《긍사》는 "그녀의 〈백옥루상량문〉은 8세 때 지은 것인데 만약 하늘이 내린 재능이 아니라면 어떻게 지어낼 수 있겠는가"라며 극찬했다. 허난설헌의 글재주가 얼마나 뛰어났기에 이런 찬사가 나온 것일까?

강원도 강릉시에 있는 허균·허난설헌 기념관에 허난설헌이 8세 때 지었다는 작품이 보관돼 있다. 〈광한전백옥루상량문廣寒殿白玉樓上梁門〉. 한석봉의 글씨로 쓰인 이 시는 여덟 살짜리 아이가 지었다고는 믿기 힘들 정도로 표현력과 상상력이 뛰어나다. 광한전백옥루는 도교에서 말하는 상상의 궁전이다. 장정룡 교수도 "허난설헌이 이 궁을 짓는다고 상상하고 상량문을 적은 것인데 대단한 명문"이라고 평한다.

허난설헌은 시뿐만 아니라 그림에도 재능이 뛰어났다. 이를 확인할 수 있는 작품이 〈앙간비금도仰看飛禽圖〉다. 초당 허엽의 13대 손인

〈양간비금도〉.

허경 씨가 보관하고 있는 이 그림은 집 앞에서 아버지와 어린 딸이 날아가는 새를 바라보는 모습을 묘사한 작품이다. 조선시대 회화사에서 소녀가 그림 속의 인물로 등장하는 것은 무척 이례적이다. 미술사가들은 그림 속의 소녀가 허난설헌 자신을 표현한 것이라고 분석한다. 필체도 여성답지 않게 획이 굵고 힘이 넘친다.

허난설헌의 뛰어난 재능 뒤에는 오빠인 허봉의 도움이 있었다. 허난설헌보다 나이가 열두 살 위였던 허봉은 일찍 과거에 합격해 중국에 사신으로 자주 오갔다. 그때마다 두보(杜甫)의 시며 책 등을 구해다 허난설헌에게 주어 익히게 했다. 동생의 재능을 높이 산 허봉의 배려였다.

허봉은 평소 말하기를 "난설헌의 재주는 배워서 그렇게 될 수가 없고, 이태백(李太白)과 이장길(李長吉)에게서 물려받은 소리"라고 했다. 이런 동생의 능력을 더욱 키워주기 위해 허봉은 한시의 대가였던 친구 이달(李達)에게 시를 배우도록 소개했다. 손곡 이달은 백광훈(白光勳), 최경창(崔慶昌)과 함께 조선의 삼당시인으로 불릴 정도로 당나라 시에 뛰어났다. 당시 이달은 서얼 출신이라 일찍부터 관직을 포기하고 오로지 시에만 매진하고 있었다. 허난설헌은 손곡 이달을 스승으로 삼아 당나라 시를 비롯해 여러 학문을 두루 배웠다.

성균관대학교 동아시아학술원의 김성남 박사는 "양반 가문에서 서얼 출신을, 그것도 여자한테 스승으로 소개한다는 것은 일반적인 집안의 가풍은 아니"라고 강조한다. 허난설헌의 집안의 시대를 뛰어넘는 가풍이 그 형제들에게 큰 영향을 미쳤다는 설명이다. 개방적이고 남녀차별이 전혀 없는 집안에서 자란 허난설헌은 재능을 인정해준 가족들 덕분에 마음껏 시를 쓰고 꿈을 키워갔다.

허난설헌의 유년 시절은 그 누구보다 행복했다. 그네뛰기를 소재로 한 그녀의 시 〈추천사鞦韆詞〉에서 이를 엿볼 수 있다.

隣家女伴競鞦韆　이웃집 친구들과 그네뛰기 시합을 했어요

結帶蟠巾學半仙　띠를 매고 수건 두르니 마치 선녀가 된 것 같았지요

風送綵繩天上去　바람차며 오색 그넷줄 하늘로 날아오르자

佩聲時落綠楊煙　노리개 소리 댕그랑 울리고 푸른 버드나무엔 아지랑이 피어났지요

그러나 행복은 그리 오래가지 못했다.

종손의 아내, 불행했던 결혼생활

명문가에서 태어나 아버지와 오라버니들의 사랑을 듬뿍 받고 자란 허난설헌이 어느덧 나이가 차서 집을 떠나야 할 때가 다가왔다. 조선 중기에는 여자들이 보통 열여섯 살에서 열여덟 살에 결혼을 했다. 그리고 대부분 부모가 정한 혼처에 따라 정략결혼을 했다. 허난설헌도 예외가 아니었다. 집안 어른들이 정한 허난설헌의 상대는 5대가 대를 이어 문과에 급제한 안동 김씨 문벌 가문의 자제 김성립(金誠立)이었다. 족보를 보면 김성립의 할아버지 김홍도(金弘度)는 영의정을 지냈고, 아버지 김첨(金瞻)은 도승지와 이조정랑을 지낸 인물이다. 그런 김성립과 허난설헌의 결혼은 그야말로 최고 가문 간의 결합이었다.

허난설헌은 열다섯 살에 김성립과 결혼식을 올렸다. 그런데 허난설헌의 남편이 된 김성립은 정작 가문의 영광에는 미치지 못했다. 김성립은 허난설헌이 죽고 난 후 1589년에 별시문과에 급제해 정8품 하급 벼슬에 머물렀을 뿐이다.

김성립과 결혼한 후 허난설헌은 친정을 떠나 시댁에 들어가 생활했다. 시부모님을 모시고 사는 맏며느리 생활이 시작된 것이다. 그런데 여자가 시댁에 들어가 사는 것은 당시로서는 매우 이례적인 일이었다. 혼례를 치른 뒤 여자가 시댁에서 생활하는 혼인형태를 친영(親迎)이라 하는데, 친영은 당시 결혼풍습과는 사뭇 달랐다. 조선 중기까지만 하더라도 결혼제도는 이와 완전히 반대였다. 남귀여가(男歸女家), 즉 혼례를 치른 뒤 남자가 처가에서 생활하는 게 일반적이었다. '장인의 집에 들어간다'는 뜻의 '장가 간다'라는 표현도 여기서 비롯

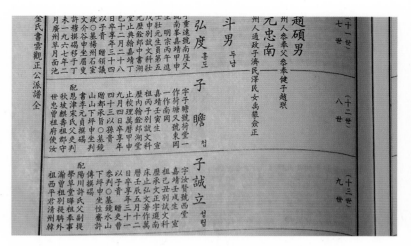

허난설헌의 남편인 김성립 가문의 족보. 조상들에 비해 김성립이 한참 낮은 벼슬을 했다는 사실이 나와 있다.

됐다.

일례로 허난설헌과 동시대를 살았던 현모양처의 귀감, 신사임당은 시댁이 아닌 친정에서 결혼생활을 했다. 아들인 율곡 이이도 친정에서 낳아 키웠다. 시문과 그림에 뛰어났던 신사임당은 아름다운 산수와 주변 풍경을 특유의 섬세한 필치로 그려냈다. 한국 제일의 여류화가라는 평을 받는 그녀의 뛰어난 예술세계 뒤에는 친정이라는 편안한 안식처가 있었던 것이다.

이순구 국사편찬위원회 박사는 "신사임당이 그림에서 뛰어난 재능을 보일수 있었던 것은 안락한 친정 생활에서 비롯된 부분이 컸을 것"이라고 분석한다. 자기 재능에 집중하고, 그것을 드러내는

신사임당 영정. 허난설헌과 동시대인인 신사임당은 허난설헌과 달리 결혼 후 줄곧 친정에서 지냈다.

데 친정 생활이 훨씬 유리하다는 설명이다.

허난설헌도 어머니의 친정인 강릉 외가에서 태어나고 자랐다. 그러나 당시 결혼 풍습에 변화가 생기기 시작하면서 결혼과 함께 친정을 영영 떠나게 되었다. 왜 갑자기 결혼 풍습이 달라졌을까? 조선 세종 조, 세종과 김종서(金宗瑞)의 대화 속에서 그 실마리를 찾을 수 있다.

세종: 지금도 친영이 어려운 이유가 무엇인가?

김종서: 우리나라의 풍속은 남자가 여자의 집으로 가는 것이 그 유래가 오래됩니다. 만일 여자가 남자의 집으로 들어가게 된다면, 곧 거기에 필요한 노비·의복·그릇 등을 여자의 집에서 모두 마련해야 하기 때문에, 그것이 곤란하여 어렵게 된 것입니다.

세종: 이 친영의 예법이 갑작스레 실시될 수 없다면 왕실에서 먼저 실시하여, 사대부들로 하여금 본받게 한다면 어떻겠는가.

—《세종실록》세종 12년 12월 22일

세종은 왜 오랜 풍습과 다른 친영제 실시를 주장한 것일까? 이순구 박사는 "조선 초기에는 모든 사회 제도를 중국화하려는 경향이 있었는데, 이에 따라 조정에서도 혼인제도나 가족제도를 중국처럼 친영제로 해야 한다는 주장이 끊임없이 제기되었다"고 설명한다.

결국 친영제가 시작되면서 종가집이 생겨났고, 그에 따라 종부(宗婦)의 책임도 커졌다. 종부는 문중을 지키며 평생 집안일에만 매달려야 했다. 1년에 치러야 하는 제사만 해도 수십 차례. 모두 종부의 몫이었다. 새벽같이 일어나 자정이 넘어 잠자리에 들 때까지 손에 물이

조선 숙종 때 학자 윤증의 종가집 풍경.

마를 틈이 없었다. 종부들의 고단한 삶은 21세기인 지금도 계속되고
있다. 실제로 조선 숙종 때 학자 윤증의 종부는 90세가 넘은 지금도
제사 준비를 직접 하는 등 집안일에서 해방될 틈이 없다.

　허난설헌도 종부가 되어 어렵고 고된 시집살이를 했다. 당시만 해
도 남자가 처가살이를 하는 남귀여가 풍습이 일반적인 상황에서 낯
선 시집생활을 했던 것이다. 허난설헌은 말하자면 조정의 시책에 따
라 새로운 결혼제도인 친영을 따른 첫 세대였다.

　시집살이에서는 개인적인 재능을 발휘할 수 있는 여건이 마련될
수 없었다. 허난설헌 역시 신사임당만큼 뛰어난 재능을 지니고 있었
지만 그것을 발현하는 데 제약이 많았다.

　그 와중에 남편은 집을 비우는 일이 잦았다. 결혼한 뒤에도 김성립
은 과거 준비를 위해 '접(接)'에서 주로 생활했다. 접은 젊은 선비들

이 과거를 준비하며 함께 공부하던 일종의 '동아리 합숙소'였다. 결혼 초기만 해도 허난설헌은 남편에 대한 기대와 사랑이 있었다. 남편이 돌아오기를 기다리는 새색시의 애틋한 마음이 담긴 시도 전한다.

精金凝寶氣	곱게 다듬은 황금으로
鏤作半月光	만든 반달 노리개는
嫁時舅姑贈	시집올 때 시부모님이 주신 거라서
繫在紅羅裳	다홍치마에 달아두었지요
今日贈君行	오늘 길 떠나가시는 님에게 드리오니
願君爲雜佩	먼 길에 정표로 달아주세요
不惜棄道上	길가에 버리셔도 아깝지 않지만
莫結新人帶	새 여인에게는 달아주지 마세요

그러나 남편 김성립은 과거시험 준비로 결혼생활에 충실하지 못했을 뿐만 아니라 과거시험에도 번번히 낙방했다. 김성립은 점점 공부를 멀리하기 시작했다. 그리고 자신보다 뛰어난 아내의 학문과 문장력에 열등감을 느꼈다. 부부 사이는 날이 갈수록 소원해졌고, 허난설헌은 남편 없이 외롭게 지내는 날이 늘어갔다. 그래도 두 아이를 키우는 것을 낙으로 삼으며 결혼생활을 이어갔다. 그리고 시를 쓰면서 그 외로움을 달랬다. 힘들고 고된 결혼생활에서 시는 그녀의 유일한 안식처였다.

그러나 당시엔 여자가 글을 쓴다는 자체가 올바른 행실이 아니었다. 허난설헌의 시어머니는 시 쓰는 며느리를 달가워하지 않았다. 조선이란 사회는 여자가 시인으로 살아가는 것을 용납하지 않았던 것이다. 허균은 이런 현실을 매우 가슴 아파했다. 그가 쓴 《성소부부고惺所覆瓿藁》에는 "나의 누님은 어질고 문장이 좋았으나 그 시어머니에게 인정을 받지 못했다. 늘 누님을 생각하면 너무나 가슴이 아프다"라고 누이에 대한 안타까움이 표현되어 있다.

시를 무기로 시대와 싸우다

중국의 최고 명문대학인 베이징대학의 조선어학과에선 한국시를 정규과목으로 가르친다. 그런데 한 학기의 강의 주제가 허난설헌의 시가 될 정도로 학생들은 허난설헌에 대해 높은 관심을 보인다. 중국에서 400년간 전해져 오고 있는 허난설헌의 시. 무엇이 중국인들을 허난설헌의 시 세계로 빠져들게 한 것일까? 학생들은 봉건사회의 부조리와 비애, 고통을 소리내어 말하지 못하고 그저 받아들이는 수밖에 없었던 사회에서 숨 죽여 살았던 허난설헌을 동정하고 있었다. 그럼에도 그녀는 시를 통해 어두운 현실을 벗어났고, 시대에 저항했다. 이것이 허난설헌을 높이 평가하는 이유다.

　허난설헌은 다양한 주제로 시를 썼다. 그중에는 불평등하고 왜곡된 현실에 대한 내용이 많다. 그녀의 시에는 시대에 대한 저항정신이 오롯이 녹아 있다. 〈감우感遇〉라는 시가 대표적이다.

東家勢炎火	동쪽 양반가의 세도가 불길처럼 성하고
高樓歌管起	높은 다락에서 풍악소리 울리건만
北隣貧無衣	가난한 북쪽 이웃들은 헐벗고 굶주려
枵腹蓬門裏	주린 배를 안고 오두막에 쓰러지네
一朝高樓傾	어느 날 아침 높은 권세 기울면
反羨北隣子	오히려 북쪽 이웃을 부러워하리니
盛衰各遞代	흥하고 망하는 것은 바뀌어도
難可逃天理	하늘의 도리를 벗어나지는 못한다오

김성남 박사는 허난설헌의 시를 보고 있으면 시대의 한계에 너무 일찍 도전했던 면모가 많이 나타난다고 설명한다. 너무 앞서가서 오히려 그 점이 비극을 낳았다는 것이다.

양반 가문에서 태어난 허난설헌이 어떻게 신분 차별을 꼬집는 저항시를 짓게 됐을까? 어릴적 스승이었던 손곡 이달에게서 그 이유를 찾을 수 있다. 이달은 뛰어난 실력을 갖췄음에도 서자라는 이유로 벼슬직에 나아가지 못했다. 이러한 이달의 모습을 통해 허난설헌은 사회 현실을 직시하는 비판적 안목을 키울 수 있었던 것이다. 스승을 통해 시대의 모순을 접한 허난설헌은 가난한 여성들의 삶과 노동을 시에 담아내기도 했다.

夜久織未休	밤늦도록 쉬지 않고 베를 짜노라니
軋軋鳴寒機	베틀 소리만 삐걱삐걱 차갑게 울리는데
機中一匹練	베틀에 짜여진 베 한필

終作阿誰衣	결국 누구의 옷이 되는가?
手把金剪刀	손에 가위 쥐고 마름질하니
夜寒十指直	밤이 차가워 열 손가락 곱아온다
爲人作嫁衣	남을 위해 혼례복을 짓고 있지만
年年還獨宿	나는 여전히 홀로 살고 있다오

—〈빈녀음貧女吟〉

닫힌 나라에서 요절한 천재시인

신분의 귀천이 명확했던 조선시대에 허난설헌은 양반 신분이면서도 가난한 서민들의 삶을 시로 표현했다. 특히 억압받는 여성들의 고달픈 노동에 주목했다. 그녀는 여성과 빈자들이 겪는 불평등이 같은 것이라 여겼다.

그렇게 시를 무기로 그릇된 현실에 저항하며, 시를 유일한 위안으로 삼으며 살아가던 허난설헌에게 견디기 힘든 불행이 찾아온다.

1580년, 허난설헌의 아버지 허엽이 경상도 관찰사 직에서

허난설헌 영정.

물러나 한성으로 올라오던 길에 객사했다. 뒤이어 어머니마저 허균과 함께 지방에 갔다가 갑자기 세상을 뜬다. 설상가상으로 얼마 지나지 않아 허난설헌은 두 아이 모두 병으로 떠나보내야 했다. 허난설헌은 자식을 떠나보내야 했던 어미의 애절한 심정을 〈곡자哭子〉라는 시로 표현했다.

去年喪愛女	지난해엔 사랑하는 딸을 잃고
今年喪愛子	올해는 사랑하는 아들까지 잃었구나
哀哀廣陵土	슬프고 슬픈 광릉땅에
雙墳相對起	두 무덤 나란히 마주하고 있구나
應知第兄魂	가엾은 너희 형제 넋은
夜夜相追遊	밤마다 서로 만나 놀고 있으려나
浪吟黃坮詞	하염없이 슬픈 노래 부르며
血泣悲吞聲	슬픈 피눈물만 속으로 삼키노라

허균도 두 조카의 죽음을 안타까워했다.

아, 살아서는 부부 금실이 좋지 못했고 죽어서는 제사 받들 자식이 없으니 원통함이 한이 없다. ―《학산초담》

불행은 거기서 끝이 아니었다. 정치적 실패를 거듭하던 허난설헌의 둘째 오빠, 허봉도 술로 세월을 보내다 1588년 38세의 나이로 강원도 김화에서 죽고 말았다. 허난설헌의 정신적 지주가 되어주었던

허난설헌 무덤과 시비. 경기도 광주시.

허봉의 죽음. 그 슬픔은 허난설헌이 견디기 힘든 것이었다. 당시 스물여섯이던 허난설헌은 의미심장한 시 한 수를 읊는다.

碧海浸瑤海	푸른 바다가 옥구슬 바다를 적시고
青鸞倚彩鸞	푸른 난새는 오색 난새에 어울리네
芙蓉三九朶	아리따운 부용꽃 서른아홉 송이
紅墮月霜寒	붉게 떨어지니 서릿달이 차갑구나

—〈몽유광상산시夢遊廣桑山詩〉

시를 지으면서 자신의 죽음을 예견했던 것일까? 허난설헌은 이듬해 스물일곱의 나이로 생을 마쳤다. 그녀는 죽기 전, 자신이 쓴 시를 모두 태워달라고 유언했다. 자신의 생명력을 불태워 시를 썼던 허난

설헌은 그렇게 시와 함께 이 세상을 떠났다. 허난설헌이 죽고 난 뒤, 그녀의 시가 중국을 거쳐 조선에도 알려지기 시작했다. 그러나 그 평가는 냉혹했다. 표현이 음탕하기 그지없다는 비난이 빗발쳤다.

逢郎隔水投蓮子   물 건너 님을 만나 연꽃 따 던지고
或被人知半日羞   행여 누가 봤을까 한나절 얼굴 붉혔네

—〈채련곡采蓮曲〉

조선 남성들의 부정적인 평가는 그 후 200년 넘게 지속됐다. 조선 후기의 실학자이자 당시 사회적 폐단을 신랄한 문체로 풍자한 연암 박지원(朴趾源) 역시 조선의 여성으로서 허난설헌이 시를 짓는 일에 곱지 않은 시선을 보냈다.

규중 여인이 시를 짓는다는 것이 원래부터 좋은 일은 아니다. 조선의 한 여자 이름이 중국에까지 퍼졌으니 대단히 유명하다고 말할 수 있다. 그러나 우리나라 부인들은 일찍이 이름이나 자를 찾아볼 수 없으니 난설헌의 호 하나만으로 과분한 일이다. 후에 재능 있는 여자들이 이를 밝혀 경계의 거울로 삼지 않으면 안 된다. —《열하일기》

조선은 허난설헌의 시를 끝내 받아들이지 않았다. 현실의 거대한 벽 앞에서 새로운 세계를 열망했던 천재 여류시인 허난설헌. 조선에서 여자로 태어났기에 그녀의 시는 철저히 잊혀져갔다. 그리고 죽은 뒤에야 동생 허균에 의해 세상에 알려졌다. 감성적이면서도 시대정

신이 녹아 있는 허난설헌의 시는 중국에서 최초의 한류열풍을 불러왔고 이를 계기로 남존여비의 땅, 조선에서 새롭게 부활했다. 이것은 모순된 사회에 저항한 그녀의 승리이기도 하다.

《열하일기》에서 허난설헌의 시 창작활동을 부정적으로 묘사한 박지원.

당시 역사는 허난설헌을 외면했지만, 오늘날 역사는 허난설헌을 '시대를 앞서간 천재 여류시인'으로 다시 평가하고 있다. 역사의 현재는 다시 먼 미래의 과거가 되고, 그 미래는 과거의 역사를 정당하게 평가한다는 것을 허난설헌이 잘 보여주고 있다.

한국사傳 3

4

누군가, 그를 감시하고 있었다.

때는 임진왜란.

의심 속의 인물은 홍의장군, 곽재우였다.

곽재우의 일거수일투족을 살피는 자는

왜군이 아니었다.

조선 조정에서 은밀히 파견한 자였다.

곽재우는 조선이 경계하는 인물이었다.

조선이 꺾어버린 붉은 꽃

── 홍의장군 곽재우

홍의장군(紅衣將軍) 곽재우(郭再祐·1552~1617)에 대해
모르는 사람은 거의 없을 것이다.

그러나 그에 대해 알려진 사실은 의외로 적은 편이다.

임진왜란 때 홍의장군으로서 훌륭하게 잘 싸웠다는 정도가
곽재우에 대한 인식의 전부다.

사실 곽재우는 홍의장군으로서 영광을 원한 것은 아니었다.

그는 초야에 묻혀 지내던 선비였고
의병장으로 활약하던 당시엔 오히려 조정의 의심까지 샀다.

의병장으로서 그의 일생은 시대에 의한, 피치 못한 선택이었다.

의병단의 선봉에 선 재야 선비

1592년, 임진왜란이 터졌다. 하지만 적과 싸워야 할 경상감사 김수 (金睟·1537~1615)는 군사와 백성들을 버리고 도망을 쳤다. 울분을 참 지 못한 곽재우가 김수를 죽이기 위해 황급히 집을 나섰다. 곽재우는 김수를 직접 처단하기 위해 그가 지나갈 길목에서 장검을 들고 기다

곽재우가 어린 시절 공부했던 자굴산 보리사.

곽재우의 위패를 봉안한 예연서원. 대구시 달성군 유가면.

렸지만, 소식을 접한 사람들이 곽재우를 말렸다. 이 사건 이후 곽재우는 스스로 의병을 조직해 싸우기로 결심한다. 죽음을 자초한다며 그의 아내가 간곡히 말렸지만 곽재우는 오히려 아내에게 칼을 들이댔다. 이런 곽재우를 보고 사람들은 모두 미쳤다고 했다.

사실 그렇게까지 분노한 곽재우는 사람들이 알던 평소 모습이 아니었다. 그는 사십 평생을 초야에 묻혀 세상과 담을 쌓고 고요히 지냈다. 학문에 부족함이 있어서도 아니었다. 어린 시절부터 곽재우는 자굴산의 보리사(菩提寺)에 들어가 공부에 매진했다. 곽재우가 쓴 문집인 《망우집忘憂集》을 보면 보리사에서 책 1000권을 읽었다고 한다. 그는 왜 세상을 등지고 살아가려 했을까?

곽재우의 위패를 봉안한 예연서원에서 만난 곽건영 곽망우당 기념사업회 이사장은 "망우당이 과거시험에 2등으로 합격했지만, 선조의 노여움을 사 합격이 취소당한 사건"이 큰 영향을 주었을 것이라고 말한다. 곽재우가 쓴 답안은 '당 태종 조사전정론'이라는 글로, 선조의 시정을 비판하는 내용이었다. 이 사실을 안 선조가 분노해 과거 합격을 취소했다는 것이다. 과거는 다시 보면 되는 일이었지만 곽재우는 벼슬길을 거부했다. 선비라면 과거에 합격해 백성을 살피는 정치를 해야 하는 것이 당시 도덕적 의무였다. 곽재우가 과거를 그만둔 진짜 이유는 무엇일까?

16세기 후반은 말 한마디에 목숨을 잃을 수도 있는 시대였다. 조선 조정은 동인과 서인으로 나뉘어 당쟁을 시작했다. 신료들은 정권 창출을 위해 치열하게 다퉜다. 1589년엔 정여립(鄭汝立) 모반 사건을 계기로 선비 1000명이 떼죽음을 당하는 기축옥사(己丑獄事)까지 일어났다. 정치란 권력을 포장하는 헛된 말일 뿐이었다. 이런 어지러운 세상에서 곽재우는 정치를 하지 않기로 결심한 것이다.

조정이 붕당에 매달린 사이, 일본이 전쟁을 일으켰다. 300만 명이 목숨을 잃은 임진왜란이었다. 그러나 서둘러 대비책을 세우고 나라를 구해야 할 수령들은 재물을 챙겨 식솔들과 함께 깊은 산중으로 제 몸만 숨겼다. 경상감사 김수 외에도 경상좌병사 이곽(李廓), 경상좌수사 박홍(朴泓), 김해부사 서예원(徐禮元), 창원군수 장의국, 의령현감 오응창(吳應昌), 현풍군수 유덕신(柳德新) 등이 성을 버리고 도망갔다는 소식이 속속 전해졌다.

이에 분노한 곽재우는 유곡면 세간리에서 홀로 봉기했다. 임진왜란이 발발한 지 열흘이 채 되지 않은 1592년 4월 22일, 나무에 북을 걸어놓고 치며 임란 최초의 의병을 일으킨 것이다. 훗날 이 나무는

곽재우가 홀로 봉기한 경남 의령군 유곡면 세간리.

뒤로 보이는 현고수. 곽재우가 의병을 일으킬 때 북을 걸어놓고 친 것으로 알려진 나무다.

현고수(懸鼓樹)라 불렸다.

곽재우는 곳간 문을 활짝 열었다. 뜻만으로는 군사를 모을 수 없었기에 자금을 동원해야 했다. 사실 그의 집안은 꽤 이름난 부호로,《선조실록》에 따르면 그의 재산이 수만 금이나 된다고 했다.

곽재우의 집안은 어떻게 그런 부를 축적할 수 있었을까? 재산 상속 문서인《분재기分財記》에 그 힌트가 실려 있다. 문서를 보면 조선 중기까지 재산 분배에서 남녀평등의 원칙이 지켜지고 있었

음을 알 수 있다. 이런 조선 전기의
상속 관행이 곽재우 장군의 부와 연
관이 있었던 것일까?

조선시대 재산 상속 문서 《분재기》.

한국학중앙연구원 고문서연구실
의 안승준 박사는 "아버지 곽월(郭越)
이 진주 강씨, 김해 허씨와 두 번의
혼례를 치렀는데, 두 집안 모두 큰
부호였고 따라서 많은 재산이 아버
지인 월에게 상속되었으며, 그것이 아들인 곽재우에게도 이어졌을
것"이라고 추정한다. 여기서 중요한 것은 곽재우의 두 어머니가 무남
독녀였기 때문에 집안의 재산을 고스란히 물려받을 수 있었다는 사실
이다. 조선시대에는 여자에게도 재산이 분배되고 있었던 것이다. 곽재
우는 이렇게 물려받은 전 재산을 의병활동에 내놓았다. 그러나 《망우
집》에 따르면 정작 그의 가족들은 굶주림을 면치 못하는 처지였다.

곽재우 장군 생가.

곽재우가 지휘본부를 두었던 정암진. 경남 의령군.

하늘에서 내려온 붉은 옷의 신화

곽재우를 믿는 의병들이 차츰 늘어갔다. 무려 2000명의 의병이 그에
게 자원했다. 무엇보다 결정적 계기가 된 것은 곽재우가 가장 크게
승전을 거둔 정암진(鼎巖津) 전투였다. 임진왜란 초기, 곽재우는 경남
의령군 정암진과 세간리에 지휘본부를 두고 의령을 수비했다. 당시
전략적 요충지였던 낙동강을 지키기 위해서였다.

　낙동강은 경남의 중서부 지역을 관통하는 관문이자 호남으로 진출
할 수 있는 교통의 요충지였다. 이런 이유로 곽재우 장군은 왜군이
정암진 나루터를 반드시 건널 것이라고 미리 간파하고 있었다. 그의
예상은 적중했다. 한양을 점령한 왜군이 곡창지대인 전라도 침공을
시작한 것이다. 왜장 안고쿠지 에게이(安國寺惠瓊)의 정예부대 2000명

이 의령과 남원을 거쳐 전주로 침입할 계획이었다.

왜군은 선발대를 정암진에 미리 보내 높고 건조한 곳에 말뚝을 박고 길잡이로 삼았다. 그런데 그 모습을 곽재우가 지켜보고 있었다. 의병의 수가 너무 적어 전면전은 불리한 상황이었다. 곽재우는 계책을 냈다. 적이 표지로 삼았던 말뚝을 원래 위치에서 엉뚱한 곳에 옮겨놓은 것이다. 마침내 왜군이 밀려왔다. 그러나 곧 경악하고 만다. 왜군이 표지를 따라간 곳은 진창이었다. 당황한 왜군은 그곳에서 발이 묶였다. 이 기회를 놓치지 않고 곽재우는 왜군을 기습 공격해 전멸시켰다.

김강식 동명대학교 교수는 정암진 전투가 "육지에서 일본군에게 처음으로 피해를 준 큰 전투였는데, 그것도 조선의 관군이 아닌 의병군이었다는 사실이 중요하다"고 평가한다. 또한 곽재우가 정암진을 지킴으로써 전라도로 진출하려는 일본군의 계획이 좌초되었고, 그 결과 경상우도 지역을 수호할 수 있었다. 경상우도 지역을 수호했다는 것은 군량과 각종 자원들을 빼앗기지 않고 확보할 수 있었다는 의미였다.

조선 의병들의 상대는 왜군의 조총 부대였다. 곽재우의 병법이 신묘했하긴 했지만 낯선 서양식 무기로 무장한 왜군을 당해내기란 쉬운 일이 아니었다. 당시 의병들의 무기는 왜군과 비교할 수 없을 만큼 화력이 열등했다. 그런 상황에서 어떻게 대군을 당해낼 수 있었을까? 박재광 전쟁기념관 학예연구관에 따르면 "조총의 사정거리가 50~100미터이고 한 번 쏘고 나서 다시 재장전하는 데 어느 정도의 시간이 필요했기 때문에 전술적으로 운용하기에 한계가 있다는 점을

한국사傳 3 | 조선이 꺾어버린 붉은 꽃—홍의장군 곽재우 |

105

조선시대 무기들.

임진왜란 당시 조총으로 무장한 왜군들.

곽재우가 꿰뚫고 있었다"고 한다. 초기 전투에서 많은 장수들이 조총을 두려워하고 그 위력을 맹신한 나머지 싸워보지도 못하고 패했는데, 곽재우는 이에 대해 상당히 비판적인 시각을 가지고 있었다는 것이다.

그렇다고 해도 왜군과의 전투가 수월할 리 없었다. 곽재우는 게릴라전에 강했지만 적을 교란시킬 좀 더 특별한 전략이 필요했다. 고심 끝에 그는 10여 명의 장수들에게 자기처럼 홍의를 입고 백마를 타게 했다. 그리고 이들을 매복시킨 뒤에 곳곳에서 나타나게 했다. 적군은 혼란스러워했다. 그들은 어떻게 곽재우가 동시에 여러 곳에서 나타났다가 사라지는지 알아차리지 못했다.

곽재우는 필사적으로 낙동강을 지켰다. 그의 궁극적 목표는 적의 보급로를 차단하는 것이었다. 총이 있어도 음식을 먹지 못하면 싸울 수 없다. 의병들은 왜군의 숨통을 더욱 조여나갔다. 적군은 6개월치 군량미를 준비해왔다. 조선 의병들은 이마저 습격해 왜군이 운반하던 식량을 남김 없이 빼앗았다.

> 습격하여 일본 병사들을 죽이고 운반하던 식량을 남김없이 약탈하였다.
>
> —프로이스(Luis Frois), 《일본사》

　그러자 잔인한 보복이 이어졌다. 왜군이 양민들을 무차별적으로 학살한 것이다. 곽재우의 시문집인 《망우집》의 부록 〈용사별록龍蛇別錄〉은 "죽은 사람의 머리를 매달고 그 시체를 10리나 나열해 살아남아도 몸을 숨길 곳이 없었다"고 당시 상황을 전한다.

　분개한 곽재우는 적의 주둔지인 현풍성(玄風城)으로 진격했다. 그런데 적진을 바로 공격하지 않고 마주 보이는 산에서 병사들에게 횃불을 다섯 개씩 들게 했다. 병력을 과장시킨 것이다. 또 징과 꽹과리를 치며 하늘에서 내려온 홍의장군이 여기 와 있으니 내일이면 모두 죽게 될 것이라고 위협했다.

　강성문 육군사관학교 군사사학과 명예교수는 "곽재우의 이런 작전은 적에게 공포감을 심어줘서 잠을 설치게 하고 사기를 저하시킴으로써 결국 공격작전을 포기하고 퇴각하는 수밖에 없게 만드는 효과"가 있었다고 설명한다. 이 전투 이후 곽재우의 이름이 알려지면서 홍의장

홍의장군 곽재우.

군이 지키는 경상우도는 왜군들이 넘볼 수 없는 곳이 됐다.

> 왜적들에게 사로잡혔던 사람들이 돌아와 말하기를, "왜적들이 '이 지방에
> 는 홍의장군이 있으니 조심하여 피해야 한다'"고 했다.
>
> ─《선조실록》 선조 25년 6월 28일

  곽재우의 승전은 계속되었다. 천강(天降) 홍의장군은 말 그대로 하
늘에서 내려온 붉은 옷의 신화였다.

남명 조식이 길러낸 조선의 의병장

특이한 전법을 구사한 곽재우는 적군들 사이에서 신출귀몰한 인물로
통했다. 여기엔 무엇보다 장군의 홍의가 큰 몫을 했다. 붉은 옷은 위
장 효과가 없기 때문에 적의 표적이 되기 쉽지만 적을 유인하는 데는
용의했다. 게다가 자기 자신을 강하
게 드러냄으로써 적에게 두려운 존재
라는 인식을 심어줄 수 있다. 이런 계
산에 따라 곽재우는 일부러 홍의를
지어 입은 것이다.

  그런데 곽재우는 원래 선비였다.
그것도 관직에 한 번도 몸담아본 적

남명 조식의 영정.

이 없는 지방의 선비였다. 그런 그가 어떻게 이런 전법들을 고안하고 계산해내서 적과 맞서 싸울 수 있었을까? 그에 대한 해답은 남명 조식(曺植 · 1501~1572) 선생에게서 찾을 수 있다.

남명은 퇴계 이황(李滉 · 1501~1570)과 함께 성리학의 양대산맥으로 꼽힌다. 실천을 중시한 학자로 '칼 찬 선비'로도 유명한데, 평생 동안 한 번도 벼슬에 나가지 않고 제자를 가르치는 데 힘썼다. 신병주 건국대학교 사학과 교수는 남명을 "외부의 모순을 보면 과감하게 타파하는 것이 선비의 참모습이라고 생각했던 인물"이라고 평한다. 그런 이유로 남명은 성선자라는 방울을 수양의 의미에서 차고 다녔고, 칼을 항상 몸에 지니면서 무슨 잘못이 있거나 외부의 모순이 있으면 과감하게 칼처럼 끊어야 한다고 거듭 자기 자신을 채찍질했다. 조식은 일본을 경계의 대상으로 여겼다. 《남명집》을 보면 일본을 섬오랑캐[島夷]로 표현한 대목이 있다. 왜적이 조금이라도 얼씬하면 목을 잡아 부러뜨려야 한다는

남명 조식이 수양의 의미로 차고 다녔던 방울 성선자.

과감한 표현을 쓸 정도로 학생들에게도 왜적에 대한 적극적인 항전 자세를 가르쳤다는 게 신병주 교수의 설명이다.

이런 남명 조식의 외손녀 사위가 바로 곽재우였다. 곽재우는 젊어서 남명 조식이 거처하던 산천재(山天齋)를 자주 찾아 병서를 배웠다.

獨授兵書再祐　　　곽재우에게만 병서를 가르쳤다.

―《홍의장군전》

남명 조식이 거처하던 산천재. 경남 산청군 시천면.

남명 조식의 가르침 덕분에 곽재우는 유학자였지만 꾸준히 무예를 익힐 수 있었다. 불혹의 나이가 될 때까지 은둔했던 재야의 선비 곽재우는 임진왜란이 발발하자 그동안 익힌 병법을 펼쳐 보이기 시작한 것이다.

의병을 일으킨 지 열흘 남짓 정도 된 1592년 5월 4일, 남강과 낙동강이 합쳐지는 기강(岐江)에서 곽재우가 첫 승리를 거둔다. 예상치 못한 대승이었다. 곽재우는 어떻게 첫 승리를 이끌어낼 수 있었을까?

허백영 회장의 설명에 따르면 "먼저 강 밑에 말뚝을 박아 왜군 배가 지나갈 수 없도록 한 다음, 수풀 속에 매복해 있던 의병들이 총공격을 했다"고 한다. 곽재우는 기강 전투에서 열한 척의 왜선을 포획했다.

기강 전투의 승리로 곽재우의 이름은 조정에까지 알려졌다. 하지만 그는 일신의 영달에 대해 담백했다. 전황 보고만 할 뿐 목을 벤 적

곽재우가 첫 승리를 거둔 기강.

의 숫자도 알리지 않았다. 선조는 곽재우에게 유곡찰방(幽谷察訪)과 형조정랑(刑曹正郎) 등의 관직을 제수했지만 곽재우는 거절했다. 곽재우를 따르던 병사들은 상급을 바라지 않는 그의 태도에 더욱 신뢰감을 갖게 되었다. 곽재우는 심지어 자신의 옷을 벗어 의병에게 입히고, 처자의 옷을 벗겨 의병들의 처자에게 나눠줬다.

기강전투도.

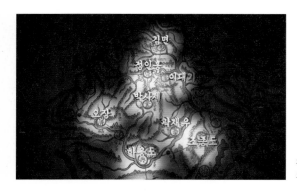
곽재우를 중심으로
의병활동이 활발했던 경상우도.

　경상우도는 곽재우를 중심으로 의병 활동이 활발했다. 상당수가
남명 조식에게 영향을 받은 선비들이었다. 그들은 낙동강으로 넘어
오는 왜군을 협공해 격퇴했다.

　곽재우가 이끈 의병들의 활약은 전략적으로 어떤 의미를 지니고
있었을까? 이상훈 국립진주박물관 학예연구사는 "한성까지 진격한
일본군은 후방인 경상도에서 일어난 의병의 교란 작전에 당황하고
한편으로 이에 대한 대책을 서두르게 되었다"고 강조한다.

　도요토미 히데요시는 조선 의병을 간과한 점을 깊이 후회했다. 그
는 경상도 의병의 거점이 진주
성이라고 착각, 진주를 치기로
계획한다. 의병을 철저하게 소
탕하기 위해 서울에 주둔하던
군사들까지 진주성으로 집결
시켰다. 의병을 저지하기 위한
일본의 필사적인 몸부림, 진주
대첩의 시작이었다.

도요토미 히데요시.

진주대첩이 벌어졌던 진주성.

1592년 10월 6일, 3만 명의 왜군이 총공격에 나섰다. 조선군의 수는 3800명. 진주 목사 김시민(金時敏·1554~1592)은 전열을 가다듬고 의병장들과 협공에 나섰다. 고성 의병장 최강(崔堈)과 이달(李達), 전라 의병장 임계영(任啓英)과 최경회(崔慶會), 그리고 곽재우의 병사들도 함께 접전을 벌였다. 닷새 밤낮 계속된 전투는 조선군의 승리로 끝이 났다.

임금도 무서워한 홍의장군

임진왜란 때 전국적으로 수만 명의 의병이 활약했지만 유독 곽재우

장군의 이름이 알려진 건 그가 주둔했던 곳의 전략적 중요성 때문이다. 이순신 장군 때문에 해로가 막힌 왜군이 힘겹게 뚫고 올라오면 육지엔 곽재우 장군이 철옹성같이 버티고 있었다. 지봉 이수광(李睟光 · 1563~1628)은 임진왜란 때 가장 뛰어난 활약을 펼친 장수로 이순신과 곽재우를 꼽았고, 한음 이덕형(李德馨 · 1561~1613) 역시 권율(權慄 · 1537~1599)의 행주대첩, 이순신의 한산대첩, 그리고 곽재우가 이끈 의병들의 전투를 임진왜란의 대승으로 기록했다.

하지만 그 빛나는 성과 뒤엔 힘든 난관도 많았다. 그의 목숨이 위태로웠던 적도 있었다. 한번은 고을마다 곽재우를 죽이라는 방이 나붙었다.

> 곽재우를 잡아 죽이고자 하였다. —《용사일기龍蛇日記》

곽재우가 도적으로 몰린 것이다. 의병활동 초기, 도망간 수령들의 관아에서 버려진 병기를 가져온 것이 화근이었다. 곽재우를 고의로 곤경에 빠뜨린 사람은 경상감사 김수였다. 자신을 구명하기에도 부족한 처지였지만 곽재우는 오히려 김수의 죄를 처단하라고 주장한다.

> 김수는 나라를 망친 큰 도적으로 왜적을 맞아 한양에 들어오게 했습니다. 김수의 머리를 베어 임금께 보낸다면 풍신수길의 머리를 바치는 것보다 갑절의 공이 될 것입니다. —《망우집》

왜란이 발발하자 싸워보지도 않고 각 고을에 격문을 보내 왜군을 피할 것을 명령했던 인물이 바로 김수였다. 그 후 김수는 경기도 용인의 광교산(光敎山) 전투에 참가했지만 대패하고 황급히 임지로 돌아왔다. 뿐만 아니라 김수는 의병들을 분산시켜서 향병 조직마저 속수무책으로 만들었다.

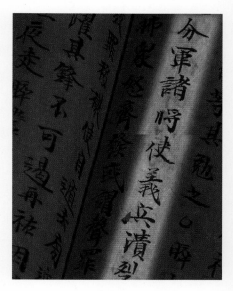

《용사일기》 중 김수가 의병을 흩어지게 했다는 대목.

> 여러 장수에게 군사를 나누어 붙임으로써 의병들이 무너지고 흩어지게 해 아무 일도 못하게 하고 있었다. —《용사일기》

곽재우의 의병 또한 해체 위기를 맞았다. 곽재우는 이런 김수를 보고만 있을 수 없었다. 그는 김수에게 자신의 무책임한 행동에 대한 죄값을 치르는 의미에서 자결하라고 설득한다. 곽재우의 최후통첩이었다.

> 곽재우: 그대가 신하의 도리를 알 것 같으면 군관을 시켜 그대의 머리를 베어 천하후세에 사죄하라. 그렇지 않으면 내가 장차 그대의 머리를 벨 것이다.

궁지에 몰린 김수는 자살을 시도하지만 이내 마음을 달리 먹고 새벽에 함양으로 달아났다. 그리고 군관을 시켜 성을 수비하게 했다. 아울러 조정에 곽재우가 역적이라고 주장했다. 이 소식은 선조의 귀에까지 들어갔다. 그런데 신병주 교수에 따르면 "선조도 곽재우를 매우 위험한 인물로 인식하고 있었다"고 한다. 조정에서 파견한 감사를 죽이겠다고 선언할 정도면 나중에 왕에게까지 반기를 들 수 있는 인물이라고 판단했다는 것이다.

난처한 상황이었다. 곽재우의 분노는 옳았으나 조정은 김수를 처벌할 생각이 없었다. 의병장 대 경상감사. 상황은 곽재우에게 불리했다. 이때 경상우도 초유사(招諭使) 김성일(金誠一)이 중재에 나섰다. 김성일은 오히려 감사를 해친 반역자로 몰릴 수도 있다고 곽재우를 설득했다.

> 감사에게 죄가 있으면 조정에서 처리할 것이요, 도민으로 손댈 바가 아니다. 내 말을 따르지 않는다면 반역으로 몰려 화를 받을 것이오.
>
> —《학봉집鶴峯集》

그리고 장계를 올려 곽재우의 누명을 벗겨주었다.

곽재우가 이런 난관을 이겨낼 수 있었던 이유는 자기 자신을 믿었기 때문이다. 곽재우에게는 나라를 구하겠다는 일념이 있었다. 그리고 그에 앞서 죽음을 두려워하지 않는 기백이 있었다. 임진왜란 당시 관군은 의병에게 상당히 적대적이었고, 화합해야 할 조정 역시 당쟁에 힘을 소진하고 있었다. 이렇게 어려운 상황에서 곽재우는 역적 모함까지 받았던 것이다. 상황이 불리해도 결코 꺾이지 않았던 곽재우.

그러나 그를 송두리째 흔드는 사건이 터지고 만다.

영웅에서 역적으로

임진왜란이 휴전 국면에 들어섰다. 명과 일본은 강화를 진행 중이었
고, 왜군은 견고한 성을 쌓고 웅거하고 있었다. 거제도 서북쪽의 장
문포(場門浦)는 왜군의 진지나 다름없었다. 송진포성과 장문포왜성에
일본군 약 7000명이 주둔해 작전을 펼쳤다. 그 사실을 알고 선조는
"장수들이 팔짱만 끼고 서로 바라보기만 할 뿐, 한 가지라도 계책을
세워 적을 치는 일이 없다"며 몰아세웠다.

장문포왜성.

이에 이순신과 권율, 의병장 곽재우와 김덕령(金德齡 · 1567~1596)이 임금의 뜻에 따라 수륙합동작전을 펼치기로 했다. 그러나 상황은 비관적이었다.

> 곽재우: 왜적을 멸할 자신이 있소이까?
>
> 김덕령: 나도 이번 일의 자초지종을 알지 못하오. 굴에 숨어 있는 적을 어찌 치겠소.
>
> —《난중잡록》

곽재우는 김덕령의 신상을 걱정했다. 김덕령이 전국 의병의 총수가 된 지 이제 막 6개월째였다. 조원래 순천대학교 사학과 교수는 "충용장 김덕령의 입장에서는 시험대에 오른 셈이었는데, 곽재우는 처음부터 이 전투가 승리를 거둘 수 없거니와 아군만 피해를 입을 것이라며 반대 입장을 취했다"고 설명한다.

김덕령은 곽재우와 각별한 사이였다. 이십대의 청년 의병장 김덕령은 곽재우에게 조언을 구하기도 하고 정암진에서 함께 싸우기도 했다. 하지만 장문포 해전의 경우만큼은 곽재우도 김덕령의 견해를 받아들일 수 없었다. 그러나 선조가 원하는 전투였다. 결국 왜군은 싸움에 응하지 않았고 아군만 피해를 입었다. 이 싸움의 실패로 김덕령을 모함하려는 사람만 더 많아졌다.

> 김덕령의 위세와 명성에 손상만 끼치고 모함하려는 사람만 더 많아졌다.
>
> —《선묘중흥지宣廟中興誌》

2년 뒤인 1596년 7월, 이몽학(李夢鶴)의 난이 일어났다. 군사를 모은 이몽학은 충청도 홍산현을 습격, 현감과 군수를 사로잡고 3일 만에 여섯 개 고을을 함락시켰다. 무능한 임금과 조정을 바로잡겠다는 그의 말에 민중들은 환호했고, 수만 명의 군사가 모여들었다. 그러나 이내 반란 세력 가운데 내분이 일어났고 난은 곧 평정됐다.

> 이몽학은 그 부하에게 살해당하고 적의 무리는 해산했다.

—《선조수정실록》 선조 29년 7월 1일

그런데 민란의 주동자를 색출하는 과정에서 엉뚱한 곳으로 불똥이 튀었다. 의병장 김덕령과 곽재우, 홍계남(洪季男)이 주모자로 모함을 받게 된 것이다. 세 사람은 나라를 구한 공신에서 하루아침에 국가를 배신한 역적이 되었다. 곽재우와 홍계남은 곧 혐의가 풀렸지만 조선 의병장 총수였던 김덕령은 그렇지 못했다. 선조는 나흘간 김덕령을 직접 친국했다. 정강이 뼈가 부러진 김덕령이 무릎으로 기어 다니자 선조는 "곤장을 아무렇지 않게 여기니 참으로 역적이라" 하며 분을 삭이지 않았다. 반란을 수사한 추관(推官)이 역모를 꾀한 흔적이 없다고 상소했지만 귀담아 듣지 않았다. 선조는 왜 김덕령을 이렇게 몰아세웠을까?

조원래 교수는 "김덕령의 위세가 선조에게는 엄청난 위협으로 다가갈 수 있었을 것"이라고 분석한다. 전쟁이 끝나면 그 위협이 더 커질 수밖에 없다고 직감한 선조가 그를 제거하기로 마음먹었는지 모른다는 것이다.

한국사傳 3 ─ 조선이 꺾어버린 붉은 꽃 ─ 홍의장군 곽재우

김덕령 장군을 모신 충장사. 광주시 북구 금곡동.

김덕령 장군.

김덕령은 20일 동안 혹독한 고문을 받았다. 그는 죽기 전에 "공이 부족한 자신은 죽어도 괜찮으나 옥에 갇힌 의병들만은 싸울 수 있게 죽이지 말아달라"는 유언을 남겼다. 김덕령과 함께 모함을 받은 곽재우에 대한 선조의 의심 또한 완전히 걷히지 않았고, 곽재우는 조정의 감시 아래 놓였다.

조정에서 은밀히 내시를 파견하여 그의 집에 들어가 동정을 살폈다.

—《연려실기술》선조조 고사본말

전우를 잃은 곽재우는 점점 희망까지 잃어가고 있었다.

은둔의 세상을 걱정하며 은둔하다

김덕령의 죽음은 큰 파장을 몰고 왔다. 《선조수정실록》은 "남쪽 선비
와 백성들은 덕령의 일을 경계하여 용력이 있는 자는 모두 숨어버리
고 다시는 의병을 일으키지 않았다"고 전한다. 백성들이 의병을 기피
하고 이탈해 사실상 의병은 해체되었다. 의병에 대한 조정의 대우,
그리고 동지의 죽음. 아마도 곽재우는 세상에 대한 깊은 배신감을 홀
로 삭여야 했을 것이다. 그런 그가 선택할 수 있는 길은 한 가지였다.

임진왜란이 끝나갈 무렵, 경상좌도 방어사였던 곽재우는 모친상을
계기로 떠돌이 생활에 나섰다. 두 아들과 함께 패랭이를 만들어 팔며
근근이 생계를 이어갔다. 상중에는 벼슬을 하지 않는 것이 관례였지
만 조정은 곽재우에게 관직에 나올 것을 계속 권했다.

기복출사(起復出仕)할 것을 명하였으나 끝내 응하지 않았다. ―《망우집》

나라엔 여전히 인재가 필요했다. 전란을 수습하고 왜군의 재침에
대비해야 했다. 국가에서 필요로 하니 곽재우도 마음과 다른 선택을
할 수밖에 없었다. 결국 경상좌도 병마절도사를 제수받고 울산을 찾
았다. 왜군이 쌓은 도산성(島山城)은 천혜의 요새였다. 조명연합군의
공격에도 끝까지 버텼던 곳이 도산성이었다.

이채형 울산향토사학회 회장에 따르면 "도산성은 가토 기요마사(加
藤淸正)가 1만 6000명의 군사를 동원해 쌓은 성인데, 성 밖에는 목책
을 세 겹으로 쌓아서 난공불락의 요새가 됐다"고 한다. 그러나 조정

울산왜성.

은 이 성의 중요성을 깨닫지 못했다. 곽재우가 2000명의 군사를 두어 수비해야 한다고 주장했지만 조정은 그의 말을 듣지 않았다. 바다에서 해군이 막으면 된다는 논리였다.

> 도산성은 반드시 군사를 두어 수비할 곳이다 하였으나 조정에서 허락하지 않았다. ―《연려실기술》 선조조 고사본말

곽재우는 거듭 요청했지만 받아들여지지 않자 4개월 만에 임지를 떠난다. 사직서만 내고 선조의 허락도 받지 않은 채였다. 조정은 그렇게 떠난 그의 태도가 교만하고 도리에 맞지 않는다고 질책했다. 이 일로 곽재우는 사헌부의 탄핵을 받게 됐고, 영암에서 2년간 유배를 당한 후에야 고향으로 돌아갈 수 있었다.

귀향 후 곽재우는 세상의 근심을 잊는다는 뜻의 망우정(忘憂堂)을 지었다. 그리고 점점 은둔에 빠졌다. 전쟁은 끝났어도 무능한 정치는

곽재우가 말년을 보낸 망우정.

여전했고 세상은 나아지지 않았다. 김강식 교수는 "사리사욕만 챙기는 당파적 갈등이 첨예할수록 자신의 입장이 관철되지 못했고 이에 대해 회의를 느낀 것"이 은둔생활의 직접적 이유가 됐다고 설명한다.

곽재우는 망우정에서 거문고를 뜯고, 낙동강에서 낚시를 하며 세월을 보내기로 마음먹었다. 세상과 단절하고자 속세의 음식도 먹지 않고, 솔잎만 먹는 벽곡(辟穀)을 했다. 그러자 이번에는 곽재우가 기이한 벽곡을 한다고 모함하는 상소가 쌓였다. 그럴수록 곽재우는 더더욱 두문불출했다. 24년간 무려 스물아홉 번의 관직을 제수받았지만 거절하거나 바로 사직했다.

선조가 죽고 왕위계승 문제가 불거지자, 당파 싸움도 점점 심해졌다. 그 와중에 선조의 막내아들인 영창대군이 당파 싸움의 희생양이 되었다. 원래 선조는 영창대군을 세자로 책봉하고자 했지만 뜻을 이

곽재우의 시 〈하가야〉 중 시국의 어지러움을 한탄한 대목.

루지 못했다. 그리고 1608년 광해군이 왕위에 올랐다. 광해군은 왕위에 오르는 과정에서 갈등을 빚은 영창대군을 1613년에 서인(庶人)으로 삼았다. 영창대군은 강화에 위리안치되었다가 이듬해 여덟 살의 나이로 살해당했다. 곽재우는 영창대군을 살리고자 상소를 올렸지만 막을 수 없었다. 도의나 순리보다 이권 다툼이 먼저였다. 곽재우는 끊임없이 시정을 비판했다. 신병주 교수는 이를 두고 "곽재우가 호를 망우당이라고 했지만 결코 세상을 잊을 수 없는 사람이었다"고 평한다.

경남대학교 박물관의 데라우치 문고에 곽재우의 심정을 읽을 수 있는 자료가 남아 있다. 곽재우의 친필 시 〈하가야下加倻〉다. 시 속에서 거짓말이 귀를 어지럽히는 세상이라고 그는 한탄하고 있었다.

시국은 험하고 거짓말이 귀를 어지럽힌다.

곽재우는 망우정에서 나라에 대한 근심을 놓지 못한 채 눈을 감았다. 어지러운 세상, 정치판에 환멸을 느낀 곽재우는 은둔하길 원했지만 국난을 맞아 전장으로 나섰다. 그러나 전쟁보다 더 큰 상처를 입고 말았다. 결국 그를 무너뜨린 적은 왜군이 아니라, 무능한 군주와 조정, 그리고 내부의 암투였다.

　곽재우의 일생은 그가 진정으로 원한 삶이 아니었다. 시대를 책임
지지 못하고 역할을 다하지 않는 것을 부끄러워하지 않는 지도자들
이 있는 한 역사의 비극은 되풀이될 것이다.

한국사傳 3

5

1845년, 한 프랑스 사제가 조선 땅을 밟는다.

성 다블뤼(St. A. Daveluy) 주교였다.

그는 조선에 복음을 전파하다가 박해를 당한 천주교의 성인이다.

다블뤼 주교는 조선 신도들에게서 믿지 못할 이야기를 접하게 된다.

이미 선교사가 들어오기도 전에

스스로 천주교를 받아들여 전파시킨 자가 있다는 것이다.

다블뤼 주교는 이 놀라운 사실을

《조선순교사 비망기》라는 제목으로 기록하기 시작한다.

한국에 천주교 신앙을 전파한 선구자,

그의 이름은 광암 이벽이었다.

닫힌 시대의 젊은 열정
─광암 이벽

광암 이벽(曠菴 李檗 · 1754~1785)은 비교적 낯선 이름이다.

하지만 그는 230여 년 전, 조선에 처음으로 천주교가 전래됐을 때 선구적인 역할을 한 인물이다.

오로지 유교를 절대적인 규범으로 삼던 폐쇄적인 조선시대에

어떻게 유학자가 서양의 종교를 받아들일 수 있었을까?

성 다블뤼 주교의 《조선순교사 비망기》와 다산 정약용의 기록을 통해

이벽의 삶과 사상을 재조명해본다.

천진암에 비친 천주교의 여명

남한강을 지나 경기도 광주시 퇴촌면에 들어서면 천진암(天眞菴) 계곡
이 나타난다. 한국 천주교의 발상지로 불리는 성지다. 그곳엔 한국
천주교의 창설 200주년을 기념하는 비석도 세워져 있다. 천진암 성
지의 가장 높은 곳엔 한국에 천주교를 처음 들여오는 데 선구적인 역
할을 한 다섯 명의 무덤이 있다. 다산 정약용의 셋째 형 정약종(丁若

천진암 천주교 성지. 경기도 광주시 퇴촌면.

한국 천주교 창설 200주년 기념 비석.

《여유당전서》의 〈천진소요집〉에 등장하는 이벽에 관한 기록.

鍾, 세례명 아우구스티노 · 1760~1801)과 최초의 영세자 이승훈(李承薰, 세례명 베드로 · 1756~1801)을 비롯해 천주교 신자였던 권일신(權日身, 세례명 프란시스 사비에르 · 1751~1791), 권철신(權哲身, 세례명 암브로시오 · 1736~1801) 형제의 묘소가 있고, 그 한가운데 이벽의 묘가 있다.

왜 이들의 무덤은 이곳에 모여 있을까? 그 이유를 찾기 위해 먼저 만나야 할 사람이 있다. 천진암에서의 일을 빠짐없이 기록해둔 인물, 바로 조선 후기의 대실학자 다산 정약용이다. 다산의 문집 《여유당전서與猶堂全書》에는 천진암에서 이름을 따온 〈천진소요집天眞消搖集〉이라는 글이 실려 있다. 친구 이벽을 추억하고 또 이벽에게 바치는 글들이 곳곳에 보인다. 〈천진소요집〉에 따르면 천진암은 이벽이 독서하던 곳으로, 다산 형제들은 이벽과 함께 그곳에서 어린 시절을 보냈다. 그런데 이곳에서 있었던 한 사건에 대해 유독 자세히 기록한 점이 눈에 띈다.

정조 3년인 1779년, 기해년 겨울 오래된 암자에서 은밀한 모임이 있었다. 권철신과 그의 동생 권일신, 그리고 정약용과 그의 둘째 형 정약전(丁若銓) 등 10여 명의 선비들이 모였다. 이들은 좌장인 권철신

이벽의 묘.

을 제외하고 모두 십대에서 이십대 안팎의 젊은이들이었다. 다산은
이들이 모인 이유가 강학 때문이었다고 회고하고 있다.

> 기해년(1779) 겨울 천진암 주어사에서 강학을 했다. —《여유당전서》

조광 고려대학교 한국사학과 교수에 따르면 "강학은 오늘날의 세
미나에 해당하는 것으로 당시 선비들이 유교 경전이나 성리학 경전
을 연구하는 모임이었다"고 한다. 즉 기본적으로 강학은 성리학 공부
모임이었던 것이다.

같은 시각, 서둘러 눈길을 헤쳐가는 발걸음이 있었다. 이벽이었다.
그는 강학이 열린다는 소식을 뒤늦게 듣고, 험한 산길을 헤쳐가고 있
었다. 다블뤼 주교가 쓴 《조선순교사 비망기》에는 이벽이 갔던 그 길
에 대해 "밤중에 넘어야 할 산은 거대한 산이었고, 눈더미에 덮여 있

었으며, 수많은 호랑이가 접근을 막고 있었다"고 적혀 있다.

하지만 눈과 호랑이도 이벽의 발걸음을 붙잡을 수 없었다. 유학을 공부하던 강학 모임은 이벽의 도착과 함께 그 성격이 바뀌게 된다. 그가 하는 얘기는 종래의 유학 사상을 넘어서는 낯설고 새로운 사상, 즉 천주교에 관한 것이었다. 모임은 열흘간이나 계속됐다.《조선순교사 비망기》에 따르면 이때 하늘과 세상, 인간 본성에 관한 신앙적 문제를 비롯해 유학에 대한 의문점과 선현들의 사상이 논의되었다고 한다.

기독교 전파에 관련된 각종 유물이 보관된 숭실대학교 한국기독교박물관에는 한국 최초의 천주교 찬양 가사인 〈천주공경가天主恭敬歌〉가 전시돼 있다. 집안에는 어른이 있고 나라에는 임금이 있듯이, 내 몸엔 영혼이 있고 하늘엔 천주가 있다는 내용이다. 유학자의 시각으로 해석된 이 〈천주공경가〉는 강학이 열린 기해년(1799) 섣달에 주어사(走魚寺)에서 이벽이 지었다고 되어 있다.

양업교회사연구소의 차기진 박사는 "교회법적으로 1784년 말에 천

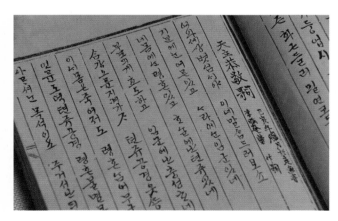

한국 최초의 천주교 찬송가인 〈천주공경가〉.

주교회가 창설되는데, 그 계기가 된 모임이 바로 1779년 겨울에 있었던 주어사 강학이었고, 그 단초를 제공한 사람이 광암 이벽이었다"고 강조한다. 결국 천진암 주어사 강학은 한국 천주교의 실질적인 출발점이 된 셈이다.

진지한 학문 연구의 열의에 불타던 젊은 유학자들에게 이벽은 기존의 유학적 사고 체계를 뛰어넘는 새로운 길을 보여주었다. 다블뤼 주교도 진정한 의미에서 조선 천주교회의 역사가 바로 이벽의 강학에서 시작되었다고 규정한다. 한국 천주교 역사에 여명이 비치는 순간이었다.

다산 정약용을 능가했던 유학자

광암 이벽은 상당한 지식의 소유자였다. 다산 정약용의 글을 통해 그 증거를 찾아볼 수 있다. 다산은 젊은 시절부터 30여 년에 걸쳐 유학경전에 대한 연구서인 《중용강의보中庸講義補》를 완성했는데, 그는 이 작업이 이벽의 도움이 있었기에 가능했다고 밝혔다. 그리고 서문에 "만일 광암 이벽이 살아 있다면 그의 학식

이벽 초상화.

과 덕이 어찌 내게 비할 수 있겠느냐(使曠菴而尙存 其進德博學豈余比哉)"고

적고 있다. 본문에는 이벽에 대한 경탄이 더 구체적으로 등장한다. 다산은 "이 문장은 내가 쓴 것이 아니라 광암의 문장이다(此曠菴之文)", 혹은 "이 뜻풀이는 내가 한 것이 아니라 광암이 이렇게 풀었다(此曠菴之說)"고 곳곳에 명기해놓았다. 이것만 봐도 이벽은 상당한 경지에 올랐던 유학자임이 분명하다. 이처럼 정약용을 능가하는 유학자였던 이벽이 왜 천주교에 빠져든 것일까?

정조 8년(1784) 봄, 남한강 두미협. 이벽은 자신의 누이이자 정약용의 큰 형수인 경주 이씨의 제사를 치른 뒤, 정약용 형제와 함께 서울로 돌아가는 길이었다. 그 자리에서도 이벽은 천주교의 가르침을 전파하고 있었다. 훗날 정약용 형제는 이때 이벽에게서 천지 조화의 시작과 육신과 영혼의 생사에 대한 이치를 듣고는 정신이 아득하였다고 회고했다.

서울에 도착한 이벽은 다산 형제에게 몇 권의 책을 건넸다. 천주교에 대한 기본 안내서인 《천주실의天主實義》라는 책이었다. 《천주실의》는 16세기에 북경에서 포교 활동을 하던 마테오 리치(Matteo Ricci · 1552~1610)의 저서로, 그는 동양인들에게 천주교를 쉽게 이해시키기 위해 유학경전의 이론을 인용해서 천주교를 설명했다. 서양에서 말하는 천주는 곧 유교의 상제와 같다는 논리였다.

서양의 천주(天主)는 곧 유교의 상제(上帝). ―《천주실의》

천주교가 중국에 들어갈 때 마테오 리치는 천주교 신앙과 유학의 관계를 상호 대립된 것으로 보지 않고 천주교 신앙이 유학의 부족한 점을 보충해서 완성시켜준다는 논리, 즉 보유론(補儒論)을 전개한다. 조광 교수는 "이 보유론적 입장에서 저술된 《천주실의》 등과 같은 책을 이벽이 읽은 것으로 볼 때 그는 유학을 기초로 서학을 받아들이려고 했던 인물"이었다고 판단한다.

마테오리치의 저서 《천주실의》. 동양인들에게 천주교를 쉽게 이해시키기 위해 유학경전의 이론을 인용해서 천주교를 설명하고 있다.

당시 중국에서는 서양의 학문, 즉 서학이 활발하게 소개되고 있었다. 선교사들은 동양인의 관심을 끌기 위해 천주교 서적뿐만 아니라 철학과 수학, 천문학 등 서양의 과학 기술서까지 한문으로 번역해 소개했다. 새로운 서양 학문은 폐쇄적인 조선에도 전파됐다. 외국과의 유일한 접촉 수단이었던 사신을 통해서였다.

서학은 주자학을 신봉하던 조선 사회에 충격으로 다가왔고, 성호 이익(李瀷 · 1681~1763)을 필두로 한 실학운동으로 이어졌다. 이익에게 학문이란 실사구시의 목적을 위한 도구였고 당시 사회제도는 개혁이 필요한 낡은 관습이었다. 이익은 마테오 리치의 저서를 비롯한 서양의 수많은 저서를 읽었다. 이벽은 바로 성호 이익을 스승으로 모시는 남인 계열 학풍에 속해 있었다. 차기진 박사는 "이러한 탈주자학적인 학풍의 영향을 받은 광암 이벽은 학문의 폭을 넓게 가지려 했고, 그 결과 양명학을

성호 이익의 영정.

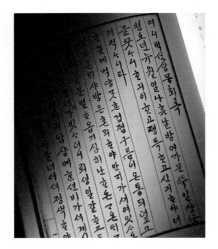

《이벽선생몽회록》. 이벽이 청으로 가는 사신에게 서학책을 부탁해서 구해 읽었다는 대목이 나온다.

비롯해 천주신앙이라는 서양의 학문까지 연구해보려는 성향을 지니게 되었다"고 설명한다.

성호학파 학자들 중에서도 이벽은 남달리 일찍부터 서학에 관심을 가졌다. 그는 청나라로 가는 사신들에게 따로 부탁해 서학책을 구해 읽기도 했다.

청에 사신으로 가는 홍군사(성명미상)로부터 서학책을 구해 읽었다. —《이벽선생몽회록李檗先生夢會錄》

자생적으로 출발한 한국 천주교회

열 살 남짓한 나이에 천진암에 들어가 홀로 공부를 시작한 이벽. 그는 당시 대다수 선비들이 지향했던 과거를 포기한 채 기존 관습과 틀에 얽매이지 않는 새로운 비전을 제시해주는 학문을 추구했다.

천문학과 지리학, 의학과 복술, 인간의 품성과 운명에 관한 학문에도 통달하였다. —《이벽선생몽회록》

타고난 유학자에서 새로운 학문과 학풍을 연구하는 신진 세대의 유학자로 변신한 것이다. 학문에 대한 열린 사고는 천주 신앙까지도 수용할 수 있는 열린 생각으로 이어졌다.

이벽이 공부하던 천진암 계곡으로 정약용 등의 젊은 학자들이 모여들었고, 이들은 그곳에서 기존의 사상 체계를 뛰어넘는 새로운 비전을 추구했다. 그리고 그 열정이 한국 천주교의 싹을 틔우는 원동력이 된다. 무엇보다 중요한 것은 이런 움직임이 자생적인 현상이었다는 사실이다. 1984년, 한국 천주교 창설 200주년을 기념하면서 요한 바오로 2세가 103인의 순교자를 성인으로 추대하기 위해 한국을 방문했을 때 교황도 그 사실을 강조했다. 즉 한국 천주교가 세계 역사상 유일하게 자생적으로 발생했음을 특별히 강론한 것이다.

요한 바오로 2세: 한국의 천주교 신앙은 세계 교회 역사상 유일한 경우로서 한국인들 스스로 자발적으로 시작한 것입니다.

천주교가 자생적으로 뿌리 내릴 수 있었던 근본적인 배경은 무엇일까? 금장태 서울대학교 종교학과 교수는 "우선 당시에 전래된 예수의 보유론적 교리서가 유교 지식인들이 접근하기에 거부감이 없었고, 더 내면적으로는 조선 사회 내부에 새로운 변화에 대한 요구가 강하게 자리하고 있었기 때문에 이를 갈망하는 지식층이 천주교를 만나면서 신속하게 수용할 수 있었다"고 설명한다. 결국 천주교의 도입은 젊은 유학자들의 학문적인 관심에서 비롯된 것이라는 의미다.

그런데 과연 그들이 선교사의 도움 없이 천주교의 교리를 깊이 이해할 수 있었을까? 유학자들이 이벽을 통해 천주교를 알아가긴 했지

이승훈이 북경에서 세례를
받고 귀국할 때 가지고 온
서책들.

만 사실 이벽이 접한 한역 서학서 역시 아주 초보적인 정보만 담고
있었을 뿐이다. 그렇다면 어떻게 이들을 통해 천주교가 본격적인 신
앙으로 발전할 수 있었을까? 기록을 보면 이벽은 강학 이후 여러 해
동안 천주교에 대해 알고자 노력했지만, 별다른 방법을 찾을 수 없었
다고 한다. 그러다 마침내 고대하던 기회가 찾아온다.

　벼슬길을 거부한 채 4년째 강학을 주도하며 독학을 하던 1783년
겨울, 정약용의 자형인 이승훈(李承薰 · 1756~1801)이 청나라 사행길에
동행하게 되었다. 이승훈은 당시 진사과에 급제하고 관직에 나가기
위해 준비 중이었다. 이벽은 백성들을 구원하기 위해 천주교를 받아
들여야 한다고 끈질기게 이승훈을 설득했다.

　　자네가 북경에 가게 되었음은 천주께서 우리나라 백성을 불쌍히 여기시어
　　구원하고자 하심을 나타내는 표식일세. —《조선순교사 비망기》

　청나라에 도착한 이승훈은 이벽의 부탁대로 북경 남당교회를 찾
았다. 당시 남당교회에는 파리 외방전교회에서 파견된 신부들이 머

물고 있었다. 신부들과 필담으로 대화하며 천주교 교리를 익히기를 40여 일. 마침내 이승훈이 한국인 최초로 영세를 받았다. 그의 세례명은 한국 천주교의 주춧돌이 되라는 의미의 베드로였다. 그리고 이승훈은 천주교 교리서들을 가지고 귀국한다.

이승훈이 가져온 책으로 공부를 마친 이벽은 이승훈에게 세례를 받았다. 세례명은 요한. 널리 천주교를 전파하라는 의미였다. 이벽이 정식으로 세례를 받음으로써 한국 천주교회는 신앙공동체로 첫발을 내딛게 된다.

명례방에서 꽃핀 평등사상

현재의 청계천 2가는 이벽의 생가가 있던 곳이다. 세례를 받은 후 이벽은 그곳에 사람들을 모아 본격적으로 천주교 신앙을 전파하기 시작했다. 유학자들뿐만 아니라 중인층까지 그 대상이 되었다. 그러나 서양의 종교가 유행한다는 소문이 파다해지자, 이를 우려하는 목소리가 나오기 시작했다. 이가환(李家煥 · 1742~1801)도 그중 한 사람이었다. 이가환은 이벽이 유교를 천주교로 바꾸려 한다고 여겼다.

이벽이 서교로 우리 도(유교)를 바꾸려고 하는 것은 무엇 때문인가?

—《다산시문집》 15권

이벽은 이가환과 공개 토론회를 열었다. 이들의 토론회는 그야말로 당대의 논객이 맞붙은 대단한 이벤트였다. 이가환은 성호 이익의 손자로 당대의 천재로 꼽히는 인물이었다. 그러나 이벽은 능란한 말솜씨로 철벽 같은 주장을 굽히지 않았다. 사흘간 계속된 토론은 마침내 이가환의 패배로 끝이 났다. 이가환은 패배를 인정하면서도 천주교의 해악에 대한 우려를 떨치지 못했다.

이 도리는 훌륭하고 참되다. 그러나 이를 따르는 사람들에게 불행을 갖다줄 것이니 이를 어떻게 할 것인가? —샤를르 달레, 《한국천주교회사》

토론회 후, 이벽은 조직적인 선교를 위해 길을 떠났다. 그가 찾은 곳은 지금의 경기도 양평에 해당하는 양근 고을이었다. 그곳에는 녹암 권철신이 살고 있었다. 그는 천진암 주어사에서 강학을 이끌었던 인물로, 이벽의 스승이기도 했다. 이벽이 권철신을 찾은 데는 이유가 있었다. 권철신은 학문적 명망이 높아 전국적으로 수많은 제자들을 두고 있었기 때문에 그에게 천주교를 전파한다면 파급효과가 클 것이라고 여긴 것이다.

감호(권철신)는 선비들이 우러러보는 사람이니, 그가 천주교에 들어오면 따르지 않을 자가 없을 것이다. —권철신 묘지명

이벽의 설득은 열흘간 계속되었고 권철신은 열여덟 살 어린 제자 이벽에게 결국 승복했다. 마침내 그는 천주교에 입교해 동생 권일신

과 함께 영세를 받았다.

지식인을 상대로 전교에 힘쓰던
이벽은 지금의 명동 지역인 명례
방(明禮坊)에 새로운 본거지를 마련
한다. 당시 명례방은 주로 중인들
이 거주하던 지역이었다. 그곳에
새로 입교한 김범우(金範禹)의 집을
빌려 신앙의 근거지로 삼았다.

이벽은 중인이 주로 거주하던 명례방(현재의 명동)
에 새로운 본거지를 마련한다.

1784년의 명례방 신앙 집회는 천주교 확산에 새로운 전기를 마련
했다. 이벽의 집에는 양반만 출입이 가능했지만 명례방에는 신분의
차이와 남녀의 차별이 없었다. 어려운 한문 교리서를 한글로 번역해
보급하자 신분 고하를 막론한 사람들이 한자리에 모일 수 있었다. 천
주교는 급속하게 확산되었다. 명례방 신앙 집회는 평등사상이라는
새로운 메시지를 기반으로 성장할 수 있었다. 그로부터 100년 후 이

명례방 신앙 집회.
1784년.
명동성당 소장.

1898년 명동성당 준공 당시 모습.

명례방 자리에는 한국 천주교의 요람인 명동성당이 들어서게 된다. 현재 명동 성당 내부에는 당시 신앙 집회의 모습을 담은 벽화가 걸려 있다. 조광 교수는 "조선 사회는 계급적·신분제적 사회였는데, 이와 달리 서학은 인간의 평등에 대한 전망과 인간을 중심으로 한 사회구조를 제시했다"고 평가한다.

신앙과 효의 딜레마

한국 천주교의 출발은 새로운 세계에 대한 비전을 꿈꿨던 젊은이들의 열정에서 비롯되었다. 유교적 사회질서가 가지고 있는 한계와 모순을 넘어설 대안을 필요로 하던 시기에 천주교가 파고든 것이다. 그러나 그들이 살았던 시대는 새로운 사상이 쉽게 정착할 수 있는 열린 사회가 아니었다. 이벽의 전교활동은 곧 엄혹한 현실의 벽에 부딪히게 된다.

1785년 봄, 여느 때와 다름없이 명례방에선 집회가 계속되고 있었다. 이승훈과 정약용 삼형제 및 권일신 부자가 이벽을 스승으로 모시고 교리를 공부하고 있었다.

> 이승훈과 정약전, 정약종, 정약용의 삼형제 및 권일신 부자가 모두 이벽의 제자라고 일컬으며 책을 옆에 끼고 모시고 앉았다. ─《벽위편闢衛編》

천주교 탄압에 앞장섰던 이기경(李基慶)이 천주교 박해 과정의 기록을 모아 엮은 《벽위편》에는 그날의 집회가 유교의 사제지간보다 대단히 엄숙하고 진지한 분위기로 진행되었다고 적혀 있다. 하지만 그날의 모임은 형조 관헌들의 불심검문으로 도중에 끝이 났다. 최초의 천주교 박해인 을사추조적발(乙巳秋曹摘發) 사건이다. 사건은 압수된 천주교 교리서를 불태우고 양반이 아닌 중인 신자들만 체포하는 선에서 마무리가 되는 듯했다. 그러나 그렇게 간단히 마무리될 사건이 아니었다. 위정자의 눈에 비친 천주교는 유교적 신분 질서에 기반한 양반 사회의 질서를 송두리째 흔드는 위험한 사상이었다. 천주를 으뜸으로 공경하는 서학은 "임금과 아버지도 모르는(無父無君)" 금수의 학문일 뿐이었다.

금장태 교수는 "당시 지배층은 천주교를 하나의 임금을 중심으로 한 통치 질서에 어긋나는 일종의 혁명 세력과 같은 위험 요소로 규정했다"고 설명한다.

양반 가문들의 반발이 빗발쳤고 마침내 천주교는 공식적으로 금지
되기에 이른다. 전국의 문중들이 서학을 배격하라는 통문을 돌렸다.
천주교도는 오랑캐와 같은 무리이니 집 밖으로 내쫓으라는 내용이었
다. 이벽의 경주 이씨 문중도 격분했다. 이벽의 아버지 이부만(李溥萬)
은 문중 어른들에게 불려가 수치스러운 문책과, 족보에서 제명시키
겠다는 협박까지 받았다. 불같은 성격의 아버지는 이벽을 호되게 야
단쳤다. 가뜩이나 과거도 포기해 못마땅하던 터에 집안까지 망치는
서학에 매달려 지내는 아들을 그냥 두고 볼 수 없었던 것이다. 이부
만은 아들에게 문중을 다니며 잘못을 고백하고, 천주교와 절연하겠
다는 반성문을 제출하라고 강요했다.

自言其悔悟	스스로 잘못했음을 고백하게 하다.
作斥邪文	서학을 배척하는 글을 짓게 하다.

—《벽위편》

그러나 아버지의 집요한 설득에도 이벽은 요지부동이었다. 두 부
자의 갈등은 극으로 치달았다. 이부만은 이벽이 자신의 아들이 아니
라고 선언하고 결국 극단적인 방법까지 동원했다. 천주교와 절연하
지 않으면 자신이 목을 매겠다는 것이었다. 이러한 상황에서 이벽이
신앙을 끝까지 고집한다면 아버지에게 씻지 못할 불효를 저지르는
셈이었다. 이부만은 아들을 별당에 가두고 사람들의 출입까지 막았
다. 문중 사람들에게는 이벽이 천주학을 하다 천벌을 받아 몹쓸 병에

걸렸다고 알렸다. 문중 사회에서 집안을 보호하기 위한 불가피한 조처였다. 효와 신앙, 그것은 결코 이벽이 풀 수 없는 딜레마였다.

어떻게 자신의 하나님을 부인하겠는가? 어떻게 자신의 아버지를 죽게 만들겠는가? ―《조선순교사 비망기》

사실 현대 사회에서는 이해하기 쉽지 않은 딜레마다. 그러나 조선 사회에서는 부모의 말씀을 거역한 자로 낙인찍히면 인간 대접을 받으며 살아갈 수 없었다. 딜레마에 빠진 이벽의 당시 상황에 대해 "효는 절대적인 규범으로, 자신의 신앙 의식이 아무리 확고하다 하더라도 버티기 어려웠을 것"이라고 금장태 교수는 말한다.

신앙과 효 사이에서 갈등하던 이벽은 마침내 때가 왔음을 깨닫는다. 목욕을 하고 의관을 정제했다. 단식 15일째, 1785년 서른둘의 나이로 이벽은 생을 마감했다.

열의와 열성과 능력으로써 이 왕국에 천주교의 문을 열어놓았던 이 사람은 거의 위로가 되지 못하는 방법으로 그렇게 죽었다. ―《조선순교사 비망기》

이벽이 본격적으로 천주교 신앙 활동을 한 것은 1년 정도밖에 되지 않았다. 그러나 그가 혼자만의 공부를 넘어 사람들을 모아 신앙을 전파하기 시작하자 힘 있는 기성 사회는 결코 이를 용납하지 않았다. 효냐 신앙이냐 하는 갈등은 낯선 외래 종교인 천주교가 이 땅에 정착하는 과정에서 필연적으로 겪어야 했던 진통이었을지도 모른다. 그러나 이벽의 죽음에 관한 역사적 판단은 그리 간단치만은 않았다.

이벽은 천주교를 배신했는가

서울 혜화동 성당 내부에는 신앙을 지키다 순교한 103인의 성인을 그
린 성화가 걸려 있다. 한국 최초의 신부 김대건(金大建 · 1822~1846)과
서양의 선교사들, 그리고 신도들이 천주교 성인의 반열에 올라 있다.
가톨릭교에서는 종교를 위해 목숨을 잃은 사람들을 성인으로 추대하
고 있다. 1984년에 103위의 순교자를 성인으로 추대하는 시복시성(諡
福諡聖)이 있었고, 현재 2차 시복시성이 추진되고 있다.

그러나 전체 대상자 107명 가운데 28명은 성인 추진 리스트에서

103위 순교성인화. 혜화동 성당.

제2차 시복시성주교특별위원회 회의록. '순교자 선정 보류자' 28명 가운데 이벽의 이름이 보인다.

제외되었다. 그 28명 속에 이벽의 이름도 보인다. 조선에 천주교의 씨앗을 뿌린 이벽은 왜 성인의 반열에 오르지 못했을까? 류한영 시복시성주교특별위원회 신부는 "형벌을 받고 처형당했다는 명확한 사실이 확인되지 않았기 때문에 이에 대한 증거 보강이나 연구가 더 필요하다"고 그 이유를 밝힌다. 사망 원인이 불분명하고 순교 사실이 명확하지 않다는 말이다.

이벽의 사망 원인에 대해서는 오랫동안 논란이 계속되어왔다. 《가톨릭대사전》에는 이벽을 순교자로 보는 시각과 그렇지 않다는 평가가 모두 기록돼 있다. 이벽이 배교(背敎), 즉 천주교를 버렸을 가능성은 다블뤼 주교의 기록에서 비롯되었다. 그는 조선의 순교 역사를 정리한 《조선순교사 비망기》의 순교자 리스트에서 이벽을 제외시켰다. 아버지를 좇아 하느님을 버렸다는 이유에서였다.

이벽은 과연 신앙을 저버린 것일까? 아버지가 자결하겠다는 협박까지 하자 이벽은 "그럼 나가지 않겠다"는 말을 했다고 한다. 이는 아버지의 뜻을 따라 천주교를 버리겠다는 의미였을까? 이 대답은 두 가지 뜻을 담은 양보적인 표현이라고 보는 게 맞다는 의견이 있다. 다시 말해 신앙에 대한 의지를 굽히지 않았지만 표면적으로는 아버지의 뜻을 따르는 제스처를 취했다는 것이다.

이성배 대구 욱수성당 주임신부는 이벽처럼 "노골적으로 배교하지 않고 양보의 표현을 쓰는 것은 동양인, 특히 한국 사람들의 특수한 미덕"이라고 전제한다. 이벽이 처한 상황에서 아버지가 죽어도 어쩔 수 없다고 하는 건 패륜에 다름없다. 따라서 "당시 사회에서는 있을 수 없는 일이었고, 당연히 아버지도 이벽이 자신의 말을 완전히 수긍하는 것이 아님을 알았을 것"이라는 게 이성배 신부의 견해다.

성 다블뤼(St. A. Daveluy) 주교, 한국 이름 안돈이(安敦伊).

효는 지금도 중요한 가치이지만 조선 사회에서는 두말할 것도 없었다. 효는 모든 행실의 근본(孝爲百行之源)이었다. 서양인인 다블뤼 주교는 그 점을 이해하지 못했다. 그래서 아버지의 뜻을 따른 이벽의 행동을 '배교'로 규정한 것이다. 그러나 이성배 신부는 "일단은 아버지의 목숨을 살리려고 하는 것이 인

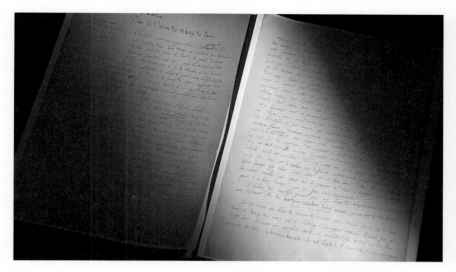

《조선순교사 비망기》.

간의 당연한 도리가 아닌가" 반문한다. 만약 아버지가 돌아가셔도 자신은 천주교를 믿겠다고 했다면, 그런 이벽의 말을 듣고 누가 신앙을 가지려고 했겠느냐는 것이다. 따라서 "그럼 나가지 않겠다"는 이벽의 말에 대한 판단은 흑백논리를 적용해 배교를 선언하는 것으로 결론 내릴 수 없는 문제다.

《조선순교사 비망기》는 더 나아가 이벽이 배교적 행위에 양심의 가책을 느껴 낙심 끝에 페스트에 걸려 죽었다고 기록하고 있다.

> 당시에 유행하던 페스트(흑사병)에 걸려서 8~9일을 앓다가 죽었다.
>
> —《조선순교사 비망기》

이것이 사실인지 확인하려면 먼저 당시에 페스트가 유행했는지 사

이벽의 옛 묘소. 경기도 포천시 화현면 화현리.

료를 살펴볼 필요가 있다. 사료를 찾아본 차기진 박사는 "경기도와 광주 일대에 전염병이 돌았다면 반드시 조정에 보고가 되었을 텐데, 정조 7년에서 10년 사이에는 그런 기록이 전혀 등장하지 않는다"고 설명한다.

만약 이벽의 사망 원인이 전염병인 페스트였다면 비슷한 시기에 사망한 친족이 있을 것이다. 경주 이씨 족보를 살펴보자. 이벽이 숨진 시기는 을사년인 1785년. 그리고 아버지는 그로부터 30여 년 뒤, 그의 형은 40여 년 뒤에 사망한다. 족보 어디에도 이벽과 비슷한 시기에 죽은 친족이 없다.

차기진 박사는 족보와 《실록》에 등장하는 기록으로 확인해볼 때 "페스트라는 전염병은 집안에서 지어낸 것이 분명하다"는 결론을 내린다. 전염병이라고 하면 사람들이 문상을 안 올 테니, 아들의 거짓 죽음을 들키지 않는 가장 효과적인 방법이었다는 것이다.

이벽의 무덤은 30여 년 전까지 경기도 포천시 화현면 화현리에 있는 공동묘지에 버려져 있었다. 후손들은 이벽의 무덤이 우연히 발견되기 전까지 그 위치를 전혀 알 수 없었다. 천주교를 믿는 사람들에 대한 박해가 무척 심했던 시절이 있었기 때문에 후손들에게 천주교에 대한 얘기를 거의 하지 않은 탓이었다.

1979년, 이벽의 묘는 폐묘 직전에 발견됐다. 무덤을 뒤덮은 소나무를 걷어내자 지석이 나타났다. '통덕랑(通德郎) 경주 이벽지묘' 라는 글자가

이벽의 무덤에서 나온 지석.

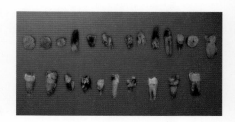

군데군데 검은 빛을 띠는 이벽의 치아.

선명했다. 그런데 이벽의 시신을 수습할 때 또 다른 사망설이 제기되었다. 발굴에 참가한 권홍식 해부학 교수는 치아가 검게 변색돼 있는 것으로 볼때 이벽의 사망 원인은 음독이라는 의견을 제시했다.

변기영 천진암대성당 신부도 독살을 의심한다. 변기영 신부는 그렇게 보는 근거로 "음독한 사람들의 시신에서 나오는 현상인 치아 끄트머리가 까맣게 타고, 앞가슴과 위장이 일반적인 시체와 전혀 다르게 청록색을 띠는 점"을 들었다.

이벽은 집안에 갇혀 외부와 단절된 채 최후를 맞았다. 때문에 정확

한 사인에 대해서는 병사, 살해, 독살 등의 설만 무성할 뿐 여전히 풀리지 않는 미스터리로 남아 있다. 그러나 한 가지만은 분명하다. 이벽이 끝까지 믿음을 버리지 않았다는 사실이다.

이성배 신부는 그렇게 단정할 수 있는 근거로 "말이나 문서로써 하느님을 배신하겠다고 분명하게 표현해야 배교로 인정하는데, 이벽의 경우에 문서로 표시된 게 하나도 없다"는 점을 꼽는다. 말로써 했다는 것도 이중적인 말을 썼다는 것, 그게 전부였다는 것이다. 차기진 박사의 설명도 크게 다르지 않다. "이벽이 천주 신앙을 버렸다면 당연히 문 밖으로 나가서 다른 사람과 교류할 수 있었고 집안에서도 이제는 천주 신앙을 버렸다고 자랑스럽게 얘기했을 텐데, 죽을 때까지 집에 가뒀다는 것은 이벽이 끝까지 신앙을 떠나지 못했다는 확실한 증거"라고 강조한다.

역사는 흘러간다. 천주교에 대한 인식도 바뀌었다. 이제 그의 후손들은 성당에 다니고 있다. 역사는 그를 초기 천주교의 중심 인물로, 또 조선 천주교의 문을 연 사람으로 기억하고 있다.

> 나쁜 서학 무리의 우두머리 —《조선왕조실록》
>
> 조선 왕국에 천주교의 문을 열어놓았던 사람 —《조선순교사 비망기》

이벽이 죽은 후 조선에서는 대대적인 천주교 박해가 일어났다. 이승훈은 1801년 신유박해 때 처형됐다. 정약전과 정약용은 유배를 갔다. 정약종은 순교했다. 권철신은 고문으로 사망했고 권일신은 유배 도중 사망했다. 이벽과 그의 친구들은 천진암 성지에 함께 잠들어 있

다. 그들의 희생은 오늘날 천주교인 450만 명의 믿음으로 전해지고
있다.

　이벽은 성리학만 고집했던 조선의 닫힌 시야를 열고자 했지만, 당
시 사회는 그를 받아들이지 않았다. 비록 그 대가는 죽음과 박해로
이어졌지만 이벽의 진지한 열정과 노력은 한국 천주교의 밀알이 되
었다. 역사의 발전은 이처럼 가슴이 뜨거운 자들에 의해 이루어지고
있다.

한국사傳 3

6

중국 산둥성 동북쪽에 위치한 등주는

높은 절벽으로 둘러싸인 난공불락의 요새다.

732년, 이곳에 침입자들이 나타났다.

기습공격을 감행한 이들은

순식간에 성을 함락하고 자사 위준을 죽였다.

세계 최강 당나라를 선제 공격한 한민족 최초의 해외 원정.

그들은 동아시아의 신생국 발해였다.

한민족 최초의
해외원정
── 무왕 대무예

발해 하면 일반적으로
고구려 후예 대조영(大祚榮 · ?~719)이 세운 나라 정도로
알고 있을 것이다. 발해는 우리 역사상 가장 광대한 영토를 확보한 나라였다.

그리고 또 하나 놀라운 사실이 있다.

우리 역사상 최초로 해외 원정을 감행했다는 것이다.

그 상대는 당시 세계 최강대국이었던 당나라였다.

신생국인 발해가 어떻게 당나라를 선제 공격할 수 있었을까?

그 유례없는 정벌대를 지휘했던 사람은 바로

대조영의 맏아들 무왕 대무예(大武藝 · 재위 719~737)였다.

옛 고구려 땅을 찾아라

중국 북동부에 위치한 지린성 둔화시 외곽의 벌판 한가운데 우뚝 솟은 동모산(東牟山)이 있다. 해발 600미터인 동모산 곳곳에는 유적이 산재해 있다. 그중에서도 산 중턱의 나지막한 언덕이 눈에 띈다. 흙과 돌을 섞어 쌓은 성벽인데, 타원형으로 산을 감싸고 있는 모습이다. 이 성의 이름은 성산자(城山子) 산성. 동모산에 산성을 쌓고 나라를 세운 주인공이 바로 대조영이다. 만주 벌판에서 고구려의 후예, 발해가 부활한 것이다.

동모산.

동모산 중턱에 쌓은 성산자 산성.

668년, 신라와 연합하여 고구려를 멸망시킨 당나라는 고구려 유민 세력이 한데 모이는 걸 막기 위해 만주벌판 곳곳으로 끌고 가 흩어놓았다. 만주벌판에는 고구려 유민 외에 말갈족, 거란족 등 다수 민족이 집결해 있으면서 계속 당에 대항할 틈을 노리고 있었다. 그 와중에 대조영은 유민들과 말갈족을 모아 당에 반기를 들었다. 이들은 추격해온 당의 토벌대를 천문령(天門嶺)에서 대파한 후 698년에 새로운 나라를 세웠다.

발해는 고구려의 문화를 계승하고 당의 문화를 창조적으로 받아들여 독자적인 문화를 꽃피웠다. 그러나 무엇보다 건국 초부터 발해가 역점을 둔 것은 영토 확장이었다. 최전성기 발해의 영토는 남북으로 대동강에서 흑룡강에 이르렀고, 동서로는 중국 요동에서 러시아 연해주까지 아우를 정도였다. 이는 전성기 고구려를 능가하는 우리 역사상 가장 드넓은 영토였다. 이런 발해를 두고 중국은 '해동성국(海東

발해의 유적인 기와, 불상, 용머리상.(왼쪽부터 시계방향으로)

盛國)', 즉 '바다 동쪽에 있는 강성한 나라' 라고 불렀다.

　그러나 전성기를 누리던 해동성국은 719년 3월, 발해의 건국자 대조영이 사망하면서 고비를 맞는다. 건국한 지 20년밖에 되지 않은 상황이라 새 나라엔 아직 해야 할 일이 많았다. 발해의 미래는 대조영의 큰아들 대무예에게 맡겨졌다. 그가 바로 발해의 2대왕 무왕이다. 무왕은 대조영의 뜻을 이어 즉위 직후부터 정복 사업에 힘을 쏟았다.

武藝立斥大   무예가 즉위하여 땅을 크게 넓혔다.

—《신당서》

무왕의 목표는 옛 고구려 땅이었다. 《신당서》는 발해가 동북쪽으로 뻗어나가 여러 민족을 차례로 복속하자 "그 일대 오랑캐들이 발해를 모두 두려워했다(東北諸夷畏)"고 전한다.

당과 흑수말갈의 공조

발해의 정복 사업은 필연적으로 저항 세력을 낳았다.

722년, 당 현종은 뜻밖의 손님을 맞는다. 발해의 영향력 아래 있어

흑룡강.

흑수말갈의 독특한 문화를 보존해온 러시아 국경지대의 나나이족.

야 할 말갈족의 추장이 스스로 조공을 하겠다고 찾아온 것이다. 현종
은 그를 크게 반기고 벼슬까지 내리며 환대했다. 그 부족은 흑수말갈
(黑水靺鞨)이었다. 말갈족은 전통적으로 그들이 사는 지역의 이름을
부족명으로 사용해왔다. 러시아 극동 지방의 하바로프스크에는 흑수
가 흐르는데, 시베리아 남동부에서 발원해 오호츠크 해까지 흘러가
는 흑룡강이다. 흑수말갈은 조상 대대로 흑룡강 유역에서 살아왔다.

이들은 나나이족이라고 불린다. 현재 러시아 국경지대에 거주하는
나나이족은 1만 4000여 명이다. 나나이족은 1000년 넘게 이곳에서
흑수말갈의 독특한 문화를 보존하면서 살고 있다.

흑수말갈은 중국 동북부의 여러 말갈족 중 가장 강력한 부족이었
다. 《신당서》는 이들이 거세고 보병전에 강해서 다른 부족에게 위협
적인 존재였다고 전한다. 또한 머리를 땋아 멧돼지의 어금니를 매달
고, 꿩의 꼬리깃으로 관을 꾸몄으며, 성질이 잔인하고 사나우며 수렵
을 잘한다고 묘사하고 있다. 강 주변에서 사냥을 하며 살아가던 흑수

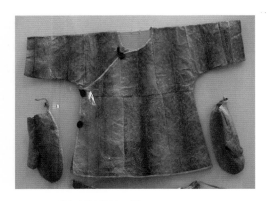

흑수말갈족의 물고기옷.

흑수말갈이 교역을 통해 들여온 식기들.

말갈은 물고기 껍질로 옷을 만들어 입었다.

그런데 흑수말갈은 수렵에 능하고 전투력이 강한 반면 식량과 철 등 생활에 필요한 물자를 생산할 능력이 없었다. 때문에 이웃나라인 중국이나 발해의 물자와 흑수말갈의 짐승 가죽 등을 물물교환해서 식량을 조달해야 했다. 당시 흑수말갈은 발해를 통해 당과 교역함으로써 부족한 물품을 보충하고 있었다.

그러던 흑수말갈이 돌연 당에 직접 조공을 하면서 이 질서를 깨뜨린 것이다. 이유가 무엇일까? 성균관대박물관의 김종복 박사는 "흑수말갈 입장에서는 다른 말갈족들이 발해에 예속되어가는 과정을 보면서 그 위험을 미리 차단하려고 당과 결탁한 것"이라고 설명한다.

흑수말갈은 계속 당에 접근했다. 2년 동안 네 번에 걸쳐 사신을 파견했다. 725년, 당은 급기야 흑수말갈의 영토에 흑수부(黑水府)를 설치했고, 장사(長史)라는 관리까지 파견했다. 당의 직접 통치가 시작된 것이다.

리후웅빈 북경중앙민족대학 역사학과 교수는 "당나라는 발해의 세력 확장을 경계했는데, 다른 세력을 이용해 발해를 견제하는 수밖에 없었다"고 당시의 역학관계를 설명한다. 마침 흑수말갈도 발해국을 견제하는 입장이었기에 당나라와 흑수말갈 사이에는 자연히 발해 견제라는 목표를 공유하게 된다.

흑수말갈 정벌을 둘러싼 형제의 갈등

당과 흑수말갈의 정치적 결합은 발해에겐 위기였다. 무왕은 왕위 계승자인 대도리행(大道利行 · ?~728)을 당에 파견해 당이 말갈을 직접 통치하는 것에 강력히 항의했다. 그러나 당 현종은 묵묵부답이었다. 그러자 무왕은 흑수말갈 정벌 계획을 세우게 된다.

> 흑수말갈이 처음에는 우리에게 길을 빌려 당나라와 통교하였다. 그런데 지금 당나라에 관리를 요청하면서 우리에게 알리지 않으니 이는 반드시 당나라와 함께 앞뒤에서 우리를 공격하려는 것이다. 문예와 장인 임아는 군사를 거느리고 흑수를 치도록 하라. ―《구당서》

무왕이 즉위한 8세기, 중국의 동북부에서는 발해와 당, 그리고 중국 북방민족들이 한데 얽히고설켜 팽팽한 힘겨루기를 하고 있었다. 당시 당은 중앙아시아까지 영토를 확장했고, 신생국 발해의 북쪽에는 돌궐, 서쪽에는 거란, 그리고 동북 지역에는 흑수말갈이 자리를 잡고 있었다. 이런 상황에서 만약 흑수말갈이 당의 우군이 된다면 발해로서는 앞뒤로 협공을 당할 수 있는 처지였다. 무왕이 흑수말갈을 선제 공격하기로 결정한 것은 이런 위기를 돌파하기 위해서였다.

무왕에겐 믿을 만한 장수가 필요했다. 무왕은 동생 대문예(大門藝)를 선택해 흑수말갈 정복을 명령한다. 그런데 대문예의 반응은 의외였다.

> 흑수말갈이 당에 관리를 요청했다 하여 바로 공격하려 한다면 이는 당과 등지는 것입니다. 당나라는 사람이 많고 군사가 강한 것이 우리의 1만 배나 되니, 하루 아침에 원한을 맺는 것은 스스로 멸망을 초래하는 것입니다. 오늘날 발해의 사람들은 고구려보다 몇 배나 적습니다. 그러니 당과 등지는 것은 절대 불가합니다. —《구당서》

당의 수도였던 서안 시내.

당의 영토가 된 흑수말갈을 공격하면 당과 적이 될 수 있다는 이유로 대문예가 정벌을 반대하고 나선 것이다. 당시 당은 역사상 가장 강력한 통일제국을 이루고 있었다.

실크로드를 통해 동서양의 문명을 섭렵한 당의 문화와 과학 기술은 세계 최고 수준이었다. 또한 수많은 병사와 강력한 무기를 갖춘 세계 최강의 군대를 자랑하고 있었다. 건국 초기 당에 인질로 끌려가 8년 동안 머물렀던 대문예는 당의 이런 상황을 누구보다 잘 알고 있었다.

門藝嘗質京師知利害

문예는 일찍이 당나라 수도에 머무른 적이 있어서 현실을 잘 알고 있었다.

—《신당서》

비록 대조영이 당에 반기를 들어 나라를 세우긴 했지만, 건국 후 발해와 당은 한때 관계 개선을 시도한 적도 있었다. 705년에 당 중종이 즉위하고 발해에 사신을 보내오자 대조영은 아들 대문예를 숙위(宿衛), 즉 인질로 보냈다.

김종복 박사는 "대무예와 문예 둘 다 대조영의 아들이기 때문에 발해 건국 과정에서 일정 역할을 했지만, 특히 문예는 당나라와 교섭이 이루어지던 시기에 당나라에 오랫동안 머무르면서 쌓은 식견으로 발해의 대외정책에서 적지않은 활약을 할 수 있었다"고 평가한다.

그러나 무왕은 동생 대문예의 말을 무시하고 그를 토벌군 사령관에 임명했다. 흑수말갈의 국경지대에서 대문예는 무왕에게 상소를

한국사傳 3 │ 한민족 최초의 해외원정 - 무왕 대무예 │

올렸다. 토벌 계획을 취소하라는 내용이었다. 분노한 무왕은 즉각 대문예를 소환했다. 토벌군의 사령관을 사촌형인 대일하(大壹夏)로 교체하고 계획대로 흑수말갈을 정벌하도록 했다. 무왕은 왜 강대국 당에 맞서는 일이 될 줄 알면서도 이토록 끈질기게 흑수말갈을 공격하려 했을까?

당과 발해 사이엔 돌궐과 거란, 그리고 해족(奚族)이 있었다. 당과 대립하던 이 부족들이 완충지대 역할을 하고 있었기 때문에 당은 발해를 섣불리 공격할 수 없었다. 무왕이 흑수말갈 공격을 끈질기게 추진할 수 있었던 것도 이런 주변 정세 때문이다.

리후웅빈 교수는 "당나라의 가장 큰 적은 동돌궐이었고 그 외에 당나라와 관계가 밀접했던 거란족과 해족도 큰 골칫거리"였는데, 그런 상황에서 흑수말갈과 당나라의 관계 개선은 다른 부족들과 당나라의 세력 판도에 영향을 미칠 수밖에 없었다고 설명한다. 자연히 발해와 당나라 사이에 긴장감이 돌았다.

발해를 배신한 대문예

한편 대문예는 형의 소환에 응하지 않고 군영을 탈출했다. 그리고 726년, 적국 당나라로 망명했다. 당 현종은 대문예를 크게 환영하고 그에게 벼슬까지 내렸다.

현종이 문예에게 좌효위장군을 제수하였다는 《구당서》의 기록.

授左驍衛將軍　　　현종이 문예에게 좌효위장군을 제수하였다.

—《구당서》

　사태가 이 지경에 이르자 무왕은 특단의 조치를 취한다. 당에 사신을 급파해 당 현종에게 국서를 전했다. 내용은 대문예를 죽이라는 요구였다. 동생을 죽이라는 무왕의 요구를 어떻게 이해해야 할까? 이에 대해 한규철 경성대학교 사학과 교수는 "발해 내부에 있는 친당파의 동요를 우려해서 무왕이 자기 동생을 더더욱 응징하려고 했을 것"이라고 분석한다.

　그러나 당 현종은 무왕의 요구를 무시했다. 현종은 대문예를 멀리 귀양 보냈다고 발해에 통보하고, 대신 다른 곳으로 몰래 피신시켰다.

한국사傳 3 ― 한민족 최초의 해외원정-무왕 대무예

上密遺門藝往安西

현종이 몰래 문예를 안서 지방으로 보냈다.

—《구당서》

발해의 무왕이 당 현종을 꾸짖는 《구당서》의
대목.

그러나 비밀은 오래가지 못했다. 무왕은 이내 현종이 자신을 속였다는 사실을 알게 되었다. 그 후 무왕이 당에 보낸 국서엔 외교 전례상 유례없던 파격적 표현이 등장한다.

豈有欺誑之理   어찌 속일 수가 있소이까?

—《구당서》

신생국 발해의 무왕이 당 황제 현종을 꾸짖은 것이다. 그러면서 무왕은 일전의 요구대로 문예를 죽여달라고 거듭 요청했다. 발해 입장에서는 친당파를 제거해야 당에 종속되지 않는 독자적인 국정 운영이 가능했기 때문이다. 반면 대문예는 형과 생각이 달랐다. 그는 발

당 현종.

해가 세계 최강의 군사력을 가진 당나라에 대항하는 것은 자멸을 부를 만큼 위험한 일이라고 판단했다. 그 와중에 대문예가 망명함에 따라 당 현종은 발해왕의 친동생을 이용해 발해의 내분을 꾀할 수 있는 절호의 기회를 잡게 된 셈이다.

대문예를 사이에 두고 신경전이 한창이던 728년 4월, 발해에 뜻밖의 부고가 전해진다. 당에 가 있

던 왕자 대도리행이 갑자기 사망한 것이다. 왕위 계승자가 죽자 발해에 대한 당의 태도가 갑자기 달라졌다. 당 현종은 직접적인 갈등을 회피하던 정책을 바꾸어 대문예를 죽이라는 무왕의 요구를 노골적으로 거절했다.

> 경은 당나라의 은혜를 모르고 마침내 나를 배반하려고 한다. 경이 믿는 것은 멀리 떨어져 있다는 것뿐 다른 것은 있을 수 없다. 짐은 근래 관용을 품고 중원을 보살펴왔으나 경이 명을 받들지 않으면 언젠가 무슨 일이 있을 것이다. ―《구당서》

현종은 어떤 의미에서 이와 같은 언급을 한 것일까? 김종복 박사는 "대도리행의 사망으로 발해의 차기 왕이 정해지지 않은 상태에서 대문예를 왕으로 임명할 수도 있다는 일종의 시위 효과를 노린 것"으로 파악한다.

사상 최초의 원정, 등주성 침공

당 현종은 대문예를 이용해 발해를 길들이려 하고 있었다. 자칫하면 발해의 왕권 자체가 흔들릴 수 있는 상황이었다. 무왕은 결단을 내려야 했다. 드디어 무왕이 압록강으로 군사를 이동시켰다. 압록강과 그 지류인 포석하(蒲石河)가 만나는 곳에 '박작구(泊汋口)'라는 큰 포구가

옛 박작구 터.

있었다. 발해의 군사들이 그곳 박작구에 집결했다.

박작구에 이르러 발해의 국경에 도착한다. —《신당서》

박작구는 발해의 서쪽 국경이었다. 발해에서 당으로 가기 위해선 박
작구를 반드시 거쳐야 했다. 박작구는 발해에서 서해로 통하는 유일한
항구였다. 무왕이 박작구에 군사를 집결시킨 것도 그런 이유에서다.

박작구를 출발한 발해 함대의 최종 목적지는
중국 산둥반도였다.

무왕은 장군 장문휴(張文休)에게 당
정벌을 명했다. 장문휴는 수개월에
걸쳐 박작구에 군선과 병력을 집결시
키고 정비하면서 출격 준비를 마쳤
다. 732년 9월, 드디어 출격 명령이
떨어졌다. 우리 역사상 최초의 해외

등주성.

원정이 시작된 것이다. 함대는 박작구를 출발해 압록강 하구를 따라 서해로 진격했다. 목적지는 중국 산둥반도였다.

발해군이 선택한 공격로는 바다였다. 당시 발해는 건국한 지 불과 30년밖에 안 된 나라였지만, 수나라와 당나라를 물리친 전력을 가진 고구려의 막강한 수군을 그대로 계승한 상태였다.

발해 수군의 공격 목표는 바로 등주(登州)였다. 등주는 지금의 산둥성 동북쪽에 위치한 펑라이시(蓬萊市)다. 당나라 때 등주는 북방 지역에서 가장 큰 항구도시이자 무역의 거점이었다. 수많은 무역선들이 황해를 통해 등주항으로 들어왔다.

고우센둥 노동대학 역사학과 교수는 "등주는 수나라와 당나라 때 남북을 잇는 가장 크고 중요한 무역 항구였고, 대외적으로도 일본이나 한반도, 발해국 입장에서 중요한 곳이었다"고 그 의미를 강조한다. 등주성은 당 수군의 거점이기도 했다. 수당 시대에 중요한 공격

등주항.

이 있을 때마다 전국의 조선 기술자들이 등주성 안에 배를 정박시키고 집결했다. 적의 공격에 대비해 배를 만들고 물자를 수송하는 일이 모두 등주에서 이루어졌다. 수나라와 당나라가 고구려를 공격하기 위해 배를 출격시킨 곳도 바로 등주항이었다.

발해가 등주로 향한 것은 이런 이유에서였다. 발해 지배층은 그동안의 역사적 경험을 통해 만약 당이 발해를 공격한다면 등주에서 수군을 출발시킬 것이라고 전략적으로 판단한 것이다.

이처럼 무왕은 치밀한 계산 아래 등주를 공격 목표로 정했다. 선제공격으로 당 수군의 거점을 무너뜨려야 이후 당의 반격을 원천봉쇄할 수 있었다. 732년 9월 5일, 발해군이 마침내 등주성을 침공했다. 발해군의 기습적인 상륙 작전에 당나라군은 치명적인 손실을 입었다. 등주의 군사와 행정을 책임지던 자사 위준(韋俊)도 발해군에게 죽임을 당했다. 이 전쟁의 의미는 단순하지 않았다.

한규철 교수는 "당을 공격한 것은 그동안 한국사에 없었던 일로, 왕조가 평화로운 시기에 당 침공 계획을 세웠다는 것 자체가 무척 획기적"이라고 설명한다.

발해의 등주 공격은 대성공이었다. 당 현종은 급히 장수와 토벌군을 보냈지만 발해군의 기세를 꺾지 못했다. 당황한 당 현종은 신라를 끌어들인다. 현종은 신라 성덕왕(聖德王 · 702~737)의 벼슬까지 높여주며 병력을 요청했고, 신라는 이를 받아들였다.

> 김사란(金思蘭)에게 범양과 신라의 군사 10만을 일으켜 발해를 공격케 하였다. ―《신당서》

당시 당과 신라는 삼국통일 과정에서 갈등을 빚고 서로 거리를 두고 있었다. 마침 발해의 등주 침공은 신라와 당나라의 서먹하던 거리를 좁힐 수 있는 기회로 작용했다. 한규철 교수에 따르면 "신라는 당과 밀착할 수 있는 절호의 기회로 삼아, 발해의 당 공격을 적극적으로 성토하고 많은 군사를 파견했다"고 한다. 현종은 토벌군을 이끌 장수까지 직접 지명하며 신라의 공격에 기대를 건다. 현종이 지목한 장수는 김윤중(金允中). 그는 삼국통일의 영웅, 김유신의 손자였다. 733년 1월, 신라는 약속대로 10만 병력을 파견했다.

733년 1월, 당의 요청을 받은 신라의 발해 공격.

신라군은 경주에서 출발해 발해의 남쪽을 향해 북상했다. 그런데 의외의 복병이 신라군을 기다리고 있었다. 바로 매서운 날씨였다.

> 눈이 한길 남짓 내려 길이 막혔고 병사들 중 죽은 사람이 절반이 넘어 아무런 전공 없이 돌아왔다. ―《삼국사기》 신라본기 성덕왕 32년

　추위와 눈보라 때문에 결국 신라 원정군은 발해와 제대로 싸워보지도 못하고 돌아가고 만다. 그러자 당은 발해를 직접 공격하기로 계획을 바꿨다. 당 현종은 발해 토벌군의 총사령관으로 새로운 인물을 임명했다. 그가 바로 대문예, 발해 무왕의 동생이었다. 현종은 대문예를 토벌군의 진두에 세워 형인 무왕과 맞서게 했다.

> 上遣大文藝詣幽州發兵以
>
> 현종이 대문예를 유주로 보내 군사를 일으켜 발해왕 무예를 토벌케 하였다.
>
> ―《자치통감》

외나무다리에서 만난 두 형제

형과 동생의 운명적인 전쟁. 당의 장수가 된 발해의 왕자 대문예는 동족을 향해 칼을 휘둘렀다. 이제 대문예는 명백한 반역자였다. 무왕은 비밀리에 대문예 암살 작전을 개시한다. 당시 대문예는 당나라의

무왕이 대문예 암살 작전을 폈던 낙양의 천진교.

동쪽 수도였던 낙양에 머물고 있었다. 장안과 등주의 중간 지점에 위치한 낙양에는 무역과 외교를 위해 많은 사람들이 드나들었다. 그중에서도 천진교(天津橋)라는 다리는 낙양의 상징이자 거점이었다. 귀소우린 낙양 사범대학교 역사학과 교수에 따르면 "당시 천진교 주변은 매우 번화한 지역으로, 다리의 남쪽에는 술집도 많고 상당히 넓어서 큰 사건도 많이 발생했다"고 한다.

733년 1월, 이 다리 위에서 또 하나의 사건이 발생했다. 낙양에서 토벌을 준비하던 대문예가 남쪽에서 천진교로 들어선 순간 괴한들의 습격을 받은 것이다. 괴한들은 무왕이 보낸 암살단이었다. 그러나 무왕의 작전은 성공하지 못한다. 대문예는 암살단의 공격을 피해 도망쳐 살아남았다. 낙양 한복판에서 벌인 대담한 암살 기도에 분노한 당 현종은 낙양에 침입한 발해의 자객을 모두 잡아 처형시켰다.

발해의 2차 공격지였던 마도산.

대문예가 죽지 않았다. 현종이 명하여 남부에서 자객들을 체포하여 모두 죽였다. —《구당서》

그러자 무왕도 반격에 나섰다. 이번엔 중원으로 진격해 들어갔다. 현재 진황도시 청룡만족자치현과 승덕시 관성만족자치현 경계에 위치한 도산(都山)이 공격 대상이었다. 도산의 옛 이름은 마도산(馬都山). 733년, 이 마도산으로 발해군이 진격했다. 등주 공격에 이은 발해의 2차 정벌이었다. 마도산 공격은 1차 공격 때와는 달랐다.

引兵至馬都山
대무예가 군사를 이끌고 마도산에 이르러 성읍을 공격하였다.

—《신당서》

무왕 대무예가 군사들을 직접 진두 지휘했다. 수병이 강했던 발해가 육로를 택했다는 것은 특기할 만하다. 동북아역사재단의 김은국 박사는 발해가 전통적으로 해군에만 의지하지 않았다는 사실을 확인할 수 있는 지점이라고 강조한다. 발해는 고구려 때부터 존재했던 육로와 해로를 다양하게 이용하고 있었다. 특히 육로를 이용했다는 것은 당에 대한 무왕의 적극적인 응징 의지가 드러나는 대목이다.

무왕이 직접 이끄는 발해군은 맹렬한 기세로 당군을 제압했다. 당은 군사를 추가로 파병하며 저항했지만 발해군의 진격을 막기엔 역부족이었다. 발해군은 마도산 일대를 휩쓸며 승승장구했다.

리후웅빈 교수에 따르면 "당시 당나라는 1만 명의 군사를 파견했는데 비교적 심각한 손해를 입었다"고 한다. 《구당서》는 발해와의 전투에서 당나라군 약 6000명이 사망했다고 하고, 《신당서》는 이보다 훨씬 많은 1만 명이 사망했다고 적고 있다. 또 이 전쟁에 참가한 당나라 장수 오승체(烏承玼)의 묘비에는 관리와 백성들이 달아났고, 본업을 상실했다고 적혀 있다.

결국 당의 군대는 전멸했다. 세계 최강 당나라가 발해의 무왕 앞에 무릎을 꿇은 것이다. 발해의 2차 원정은 당을 바짝 긴장하게 만들었다. 마도산 바로 밑에는 중국 본토의 북쪽 경계선인 만리장성이 있었다. 당의 입장에선 만약 마도산이 함락되면 만리장성까지 뚫릴 수 있는 위기 상황

발해의 2차 원정.

이었다. 당은 무슨 수를 써서라도 발해군이 마도산을 넘어 만리장성까지 진격하는 것을 막아야 했다.

이에 당 현종은 장군 오승체를 마도산에 급파했다. 당나라는 이미 두 차례나 발해와의 전투에서 패한 상태였고, 군사 수도 발해군에 못 미쳤다. 정면 대결은 무리였다. 결국 오승체는 지형지물을 최대한 활용하는 전략을 세웠다. 마침 마도산엔 돌이 많았다. 리후웅빈 교수에 따르면 오승체는 적은 군사 수로 효과적으로 대항하기 위해 부하들에게 명령을 내려 곳곳에 돌을 벽처럼 쌓게 했다.

당이 선택할 수 있었던 마지막 방어책이었다. 당시 당이 쌓은 장벽이 무려 400리에 이르렀다.

> 요충로를 막고 큰 돌로 400리에 걸쳐 막으니 적들이 들어오지 못하였다.
>
> —《신당서》

이처럼 당나라는 발해군에 필사적으로 맞섰다. 김은국 박사는 "당나라 기록에 400리의 길에 돌로 담을 쌓아 겨우 무왕의 공격을 막았다는 표현이 등장할 정도라면 당나라가 다시 한 번 발해의 위력을 실감하는 계기가 됐을 것"이라고 지적한다.

고구려의 부활, 발해의 승리

당과의 전쟁 승리로 자신감을 얻은 무왕은 그에 걸맞은 정책들을 펼치며 새로운 발해를 만들어간다. 두 차례의 당 정벌 후 무왕은 중경 서고성(西古城)으로 수도를 옮겼다. 중경은 발해의 첫 수도였던 동모산의 서남쪽 지점에 위치한다. 이 서고성 터가 최근 지린성 헤룽시(和龍市)의 평야 한가운데서 발굴되었다. 흙을 켜켜이 쌓아 만든 성터에서 짐승머리 형태의 건축 장식물, 연꽃무늬 기와 등 최고급 유물들이 쏟아져 나왔다. 강성했던 발해의 일면을 보여주는 증거들이다. 무왕이 서고성으로 대대적인 천도를 단행한 것은 발해 건국 40년 만이었다.

顯州 唐 天寶以前 渤海國所都

현주(중경)는 당나라 천보(742) 이전에 발해의 도읍이 있던 곳이다.

—《무경총요武經總要》

무왕은 왜 서고성으로 수도를 옮긴 것일까? 동북아재단의 임상선 박사는 "발해가 위급한 상황에서 건국됐기 때문에 첫 수도의 위치가 적당하지 않았고, 입지적으로 적당한 새 도성을 찾고 있었는데 그곳이 바로 현주(중경)

서고성 터. 중국 지린성 헤룽시.

발해의 서고성 궁전터.

였다"고 그 이유를 설명한다. 마침 현주는 돈화 지역에 비해서 날씨
가 적당하고 주변 여건도 상당히 좋았다.

중경 천도는 무왕의 야심찬 계획의 첫걸음이었다. 무왕은 좁은 동
모산을 벗어나 강이 흐르는 넓은 분지에 도성을 세웠다. 성은 내성과
외성으로 나뉘는데 외성의 둘레가 3킬로미터, 내성 둘레가 1킬로미
터에 이른다. 확인된 궁전 터만 다섯 군데다. 서고성은 당시 발해의
위용에 걸맞은 새로운 도성이었다. 무왕은 천도를 통해 국가적 자신
감을 표출한 것이다.

두 차례의 당 정벌로 발해의 힘을 입증한 무왕. 이후 당은 발해의
내정에 쉽게 간섭할 수 없었고 발해는 독자적으로 국정을 운영할 수
있게 된다. 당 정벌은 발해가 신생국이지만 절대 당에 굴복하지 않겠
다는 단호한 의지의 표명이었다. 그 결과 발해는 세계 최강 당나라도

발해의 두 번째 수도인 중경 서고성 복원도.

쉽게 넘보지 못하는 동아시아의 새로운 강국으로 떠올랐다. 발해의
국제적 입지를 우뚝 세운 무왕은 냉철한 판단과 대담한 전략으로 대
제국 발해의 꿈을 펼친 인물로 평가할 만하다.

한국사
傳 3
7

1949년 깊은 밤,

　　한 남자가 중국 지린성의 육정산을 오르고 있었다.

　인근 마을의 학교 교장이었다.

학교 운영비가 부족해 대책을 세우는 중,

이 산에 왕가의 무덤이 있다는 소문을 들었다.

무덤을 헤치던 삽 끝에 뭔가 걸렸다. 묘지석이다.

묘지석에 쓰인 글자를 읽던 그의 시선이 한 구절에서 멈췄다.

'황상(皇上).'

무덤 주인이 황제라는 의미였다.

이 무덤은 스스로 황제라 부를 만큼 자신감 넘쳤던 통치자,

대조영의 손자 문왕 대흠무의 것으로 밝혀진다.

발해는
황제의 나라였다
── 문왕 대흠무

황제는 여러 왕국을 다스리는 왕 중의 왕이라는 의미를 가지고 있다. 발해가 건국된 1300년 전, 황제라는 말은

중국에서만 쓰던 호칭이었다.

그런데 황제임을 공언했던 발해 왕이 있었다.

대조영의 손자이자 발해의 3대 왕이었던 문왕 대흠무(大欽茂 · ?~794)다.

대흠무가 황제라는 호칭을 쓴 것은

발해가 중국과 대등한 국가임을 선언한 것으로

당시로선 파격적인 일이었다.

문왕의 이런 자신감은 어디에서 나온 것일까?

'사방5000리' 영토의 주인

발해의 첫 수도였던 중국 지린성 둔화시 외곽 동쪽에 육정산(六頂山)
이 있다. 산 중턱엔 발해 초기 왕족들과 귀족들의 무덤이 대규모로
조성돼 있다. 중국 정부의 엄격한 통제로 외국인은 접근할 수 없는
곳이다.

1949년, 이곳에서 발해의 공주
'정혜(貞惠·738~777)'의 무덤이 발
견됐다. 무덤은 11미터에 이르는 통
로 끝에 위치하고 있었다. 돌로 무
덤 칸을 만들고 그 위에 흙을 쌓아
마무리한 석실 봉토분이다. 천장은
평평한 돌을 쌓아 만들었다. 거대한
돌을 어슷하게 쌓아 모서리를 줄여
가다 마지막에 큰 돌 한 개를 얹어
마무리한 고구려식 구조다.

육정산에서 발견된 발해의 정혜공주 무덤.

고구려식 무덤 구조를
보이는 정혜공주의 무덤.

정혜공주 묘지석. 발해인
이 직접 남긴 최초의 기
록이다.

무덤 앞에선 묘지석도 발견됐다. 발해인이 직접 남긴 최초의 기록이었다. 묘지명에 새겨진 700여 글자 중 491자만이 식별 가능하다. 판독 결과, 묘지명엔 뜻밖의 정보가 담겨 있었다.

공주의 아버지를 '황상(皇上)'이라고 표현한 대목이다. 황상은 신하가 '황제'를 부르는 말. 이 황제는 과연 누구일까? 묘지명에 단서가 있었다. 그의 존호는 '대흥보력효감금륜성법대왕(大興寶曆孝感金輪聖法大王)', 즉 나라를 크게 일으킨 이상적인 왕이란 뜻이다. 주목할 것은 '대흥'이란 두 글자. 중국 사서에 그 뜻을 추정할 수 있는 단서가 있다.

武王子欽茂入改年大興

무왕의 아들 대흠무가 즉위하여 연호를 대흥으로 고쳤다.

—《신당서》

정혜공주 묘지석에 적힌 황제에 대한 설명. '대흥보력효감금륜성법대왕'이란 글자가 선명하다.

《신당서》에 의하면 발해 무왕의 아들, 대흠무가 즉위하여 정한 연호가 바로 '대흥'이다. 왜 대흠무는 당시 다른 나라들처럼 중국 연호를 사용하지 않았을까? 독자적인 연호를 사용하는 것은 황제만의 권한이었다. 그렇다면 대흠무가 스스로 황제임을 칭했다는 의미다. 대조영의 손자이자 2대 무왕의 아들 대흠무는 737년에 발해의 3대 문왕에 즉위했다. 과연 그는 어떻게 황제가 될 수 있었을까?

묘지명은 그가 무공으로 큰 업적을 남겼다고 전한다. 문왕은 즉위 직후부터 아버지 무왕

무왕의 뒤를 이어 즉위한 문왕은 북쪽으로의 영토 확장에 심혈을 기울인다.

연해주 중심부에 위치한
우스리스크.

우스리스크 판축 토성 터.
8세기 전후 발해시대에
사용된 것으로 추정된다.

의 뒤를 이어 영토 확장에 나섰다. 그는 불열(拂涅), 월희(越喜), 철리
(鐵利) 등의 말갈 부족들을 복속하며 북쪽으로 뻗어나갔다.

《책부원구冊府元龜》에 당시 상황을 알 수 있는 기록이 있다. 《책부원
구》는 수당 시대 4대 백과사서 가운데 하나로, 중국 동북 지역의 말
갈족들에 대한 기록이 담겨 있다. 주변 말갈족들이 당에 바친 조공
내역도 적혀 있다. 그런데 발해 문왕이 즉위한 후 불열말갈과 월희말

갈 등의 조공이 일제히 끊긴다. 리후웅빈 북경중앙민족대학교 역사학과 교수는 당에 대한 조공이 끊겼다는 것은 "세 부족이 발해국에 통합되었음을 의미한다"고 설명한다. 발해국에 통합된 이후 독자적으로 당나라와 교류할 수 없게 된 것이다. 세 부족의 조공이 완전히 사라진 때는 741년 3월. 문왕 즉위 4년째 되던 해다. 그때가 바로 북쪽의 세 말갈 부족이 발해에 흡수된 시점이다.

문왕은 어디까지 정복했을까? 러시아 연해주 중심부에 위치한 우스리스크 남쪽에 오래된 성터가 있다. 목재로 틀을 세운 후 진흙과 부식토를 10센티미터 두께로 40단을 쌓아 만든 '판축 토성'이다. 학자들은 이 성이 8세기 전후 발해시대에 가장 활발하게 사용됐다고 추정한다. 니키틴 블라디보스토크 기술대 고고학과 교수에 따르면 "이 정도 성벽이라면 100미터를 쌓는 데 최소한 1000명이 매달려서 한 달은 걸렸을 것"이라고 한다.

성터에서는 이곳이 발해의 땅이었음을 증명하는 유물이 발견됐다. 돌궐문자가 새겨진 석판이다. 판독 결과, 석판에 새겨진 글씨는 '수이우빙(SUIUBING)'이었다.

수이우빙, 즉 솔빈(率賓)은《신당서》에도 등장하는 발해의 지방 행정구역 이름이다. 석판은 이곳이 발해의 '솔빈부'였음을 보여준다. 문왕은 연해주 중심부인 이곳 우스리스크까지 영토를 확장했던 것이다.

돌궐 문자로 '수이우빙'이라 새겨진 돌. 발해 동부에 있던 '솔빈'이란 행정구역을 가리킨다.

니콜라예프카 성터. 러시아 파르티잔스크.

우스리스크 동쪽 200킬로미터에 자리한 파르티잔스크(Partizansk)에서도 발해 성터가 발견됐다. 니콜라예프카(Nikolaevka) 성터다. 이 성이 발해의 것이었다는 사실을 어떻게 알 수 있을까? 이곳에 들어가려면 성문 밖 또 하나의 성인 옹성(甕城)을 지나야 한다. 옹성은 성의 방어를 튼튼히 하기 위해 원형으로 쌓는 구조물로 고구려의 독창적인 축성법이다.

니키틴 교수는 이런 원형 축성 기법이 처음 생겨난 것이 고구려 때이고 그 후 백제시대를 거치며 발전했다고 설명한다. 그리고 "러시아 전역에 이런 형태의 성이 나타난 것은 11세기경 고구려 축성 기법이 전해지면서부터이며, 그때부터 한반도 양식의 도성들이 만들어지기 시작했다"고 한다.

특히 발해는 건국 초기부터 이런 형태의 성을 만들었다. 학자들은

니콜라예프카 성터에서 발견된 유물. 청동으로 만든 물고기 모양 부절이다. 부절은 안쪽에 주인의 이름과 신분이 적혀 있는 일종의 신분증으로 두 조각으로 나뉘는 구조다.

니콜라예프카 성이 고구려에서 발해 시기 사이에 축조됐으며, 가장 활발하게 사용된 것은 문왕 시대라고 추측하고 있다. 그 근거로 성터에서 발해와 관련된 유물이 발견된 것을 든다. 청동으로 만든 물고기 모양의 부절(符節)이다. 부절은 일종의 신분증으로 안쪽에 주인의 이름과 신분이 쓰여 있다. 발해에서는 부절을 두 조각으로 나누어 한 조각은 중앙 정부가 보관하고, 다른 한 조각은 본인이 지니고 다녔다. 성터에서 발견된 부절의 주인은 섭리계(攝理計)라는 사람으로, 그는 좌효위장군(左驍衛將軍)이라는 직책을 맡고 있었다.

니키틴 교수는 섭리계가 발해 귀족이었을 것이라고 추정한다. "이 지역의 수장으로 니콜라예프카 성에 살면서 통치했을 가능성이 높다"는 것이다. 그렇다면 문왕은 러시아의 동쪽 끝까지 영토를 넓히고 관리를 파견해 다스린 셈이 된다. 이곳은 솔빈부와 함께 발해 15부 중 하

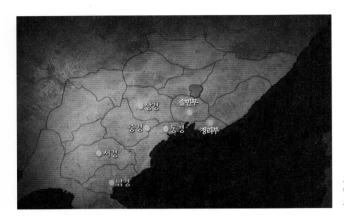
고구려 전성기 때보다
넓은 영토를 확보한
문왕 시대의 발해.

나인 정리부(定理府)에 속했다. 발해의 지방통치 체제인 5경 15부 62주
는 문왕의 손에 거의 완성된 것이다. 《신당서》에 따르면 당시 그가 확
보한 땅은 사방 5000리. 고구려 전성기보다 넓은 영토였다. 문왕 대흠
무, 그는 우리 역사상 가장 광대한 나라를 완성한 정복자였다.

스스로 황제임을 천명하다

당의 입장에서는 계속 영토를 넓혀나가는 대흠무의 행보가 거슬렸
다. 《신당서》에 당의 불편한 심기가 엿보이는 구절이 있다.

武藝死 其國私謚武王
무예가 죽자 그 나라가 사사로이 시호를 무왕이라 하였다.

여기서 주목할 것은 '사사로이 시호를 정했다'는 표현이다. 당의 허락 없이 선왕의 시호를 정하는 대흠무를 못마땅해하는 기색이 역력하다. 그럼에도 당은 섣불리 발해를 공격하지 못한다. 발해는 이미 무왕 때 무력투쟁을 통해 결코 만만치 않은 상대임을 입증했고 나날이 강성해지고 있었다. 과연 발해는 얼마나 강성한 나라였기에 당나라도 발해를 건드리지 못했을까? 발해의 당시 수도 규모를 살펴보자.

중국 헤이룽장성 닝안시에는 발해진(渤海鎭)이라는 마을이 있다. 마을 곳곳엔 지금도 발해의 이름을 딴 상점과 학교가 있다. 이곳이 바로 발해의 수도 상경용천부(上京龍泉府)가 있던 상경성(上京城)이다. 상경성

중국 헤이룽장성 닝안시의 발해진 마을.

은 목단강 유역의 평탄한 분지에 세워졌다. 성의 둘레만 16킬로미터. 발해의 성 중 가장 큰 규모다. 756년, 아버지 무왕이 중경으로 천도한 지 수십 년 만에 문왕은 이곳 상경으로 다시 수도를 옮겼다.

天寶末欽茂徙上京

천보 말년에 대흠무가 상경으로 수도를 옮겼다.

—《신당서》

상경성의 규모는 당시 세계에서 가장 큰 수도였던 당나라 장안성에 버금갈 정도였다. 동서로 긴 장방형의 성은 백성들이 거주하는 외성과 궁전이 있는 내성으로 구분되는데, 성 가운데 곧게 뻗은 주작대

발해의 수도인 상경용천부가 있던 상경성.

로를 따라 여든두 개의 구역으로 나뉘어 있다. 내성은 왕이 거주하는 궁성과 관청이 있는 황성으로 다시 구분되는데, 궁성에는 정문인 오봉루(五鳳樓)를 비롯해 다섯 개의 궁전과 우물, 그리고 어화원(御花園)이란 정원까지 있었다. 문왕은 이처럼 드넓은 평원에 새로 도성을 조성하고 거대한 궁궐과 3성 6부의 중앙행정기구를 갖추었다. 김진광 한국학중앙연구원 박사는 "발해가 영토를 확장하고 어느 정도 안정기에 접어든 후 왕위를 이어받은 문왕이 할 수 있는 가장 큰 일은 이처럼 초석을 단단하게 다지는 것이었는데, 천도와 제

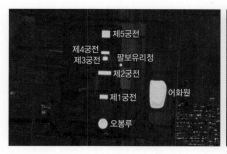
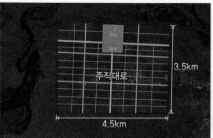

상경성의 궁성 내부 구조.

위성사진으로 보는 상경성 터.

도로써 그 물리적 토대를 구축했다"고 설명한다.

　문왕은 상경 천도 후 사방 5000리의 넓은 영토를 어떻게 다스렸을까? 중국 지린성 헤룽시의 용두산(龍頭山)에 그 단서가 있다. 1980년, 이곳에서 또 다른 발해의 무덤이 발견됐다. 길이 15미터, 너비 7미터의 지하 무덤이었다. 계단을 따라 내려가면 벽돌로 지은 널방이 나온다. 널방의 벽면엔 무사, 내시, 악사 등을 그린 채색 벽화가 있다. 이

용두산. 지린성 헤룽시.

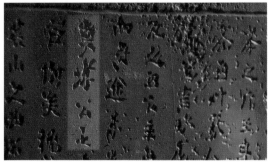

1980년 용두산에서 발굴된 지하무덤. 묘지석에는 무덤의 주인이 발해의 정효공주라고 새겨져 있다.

벽화에서 최초로 발해인의 모습이 확인된 셈이다. 널방 입구에는 무덤의 내력을 밝힌 묘지석이 있었다. 그런데 묘지석에 놀라운 내용이 들어 있었다. 정혜공주의 묘에 이어 또다시 '황상'이라는 표현을 쓴 것이다. 무덤의 주인은 정효공주(貞孝公主)였다. 정혜공주에 이어 사상 두 번째로 확인된 발해의 공주였다. 비문은 공주가 용모가 뛰어났으며 총명하고 우아한 품성을 지녔다고 적고 있다. 그리고 정효공주가 정혜공주의 동생으로 문왕의 넷째 딸이었음을 밝히고 있다.

姿稀遇曄似瓊樹之叢花瑞質?倫

용모가 보기 드물게 뛰어나 옥나무
에 핀 꽃처럼 아름다웠다.

公主者我大興寶曆孝感金輪聖法大
王之第四女也

공주는 우리 대흥보력효감금륜성
법대왕의 넷째 딸이다.

용두산 지하무덤 묘지석에 새겨진 '황상(皇上)'
이란 글씨.

둘째 딸에 이어 넷째 딸의 묘지에
서도 '황상'이라는 단어가 등장했
다는 사실은 문왕이 재위 기간 내내
스스로 황제임을 천명했음을 의미
한다. 그런데 이상한 점이 있다. 둘
째 딸인 정혜공주가 첫 수도인 동모
산 인근의 왕릉에 묻힌 반면, 넷째

정혜공주와 정효공주의 무덤이 발견된 위치.

정효공주는 두 번째 수도였던 중경에 따로 묻힌 것이다. 정효공주는
왜 왕실의 무덤에 안장되지 않고 지방에 따로 묻혔을까?

성균관대박물관의 김종복 박사는 비석에 있는 한 단어에 주목한
다. 바로 '배장(陪葬)'이다. 즉 정효공주는 중경 지역 출신의 남편 곁
에 함께 묻힌 것이다. 김종복 박사는 "무왕 말년이나 문왕 초기에 중
경으로 천도하면서 그 지역 유력자와 유대관계를 구축하기 위해 정
효공주의 정략결혼이 추진되었을 것"이라고 추정한다.

197

넓은 영토를 효율적으로 통치하기 위해 문왕은 아버지 무왕이 세운 수도 중경을 떠나 상경으로 천도했다. 중경을 비롯한 지방을 안정적으로 관리하기 위해선 별도의 대책이 필요했고, 왕이 선택한 전략은 혼인을 통한 지역과의 결속이었던 것이다. 그렇게 해서 문왕의 넷째 딸 정효는 중경 지역의 유력자와 혼인을 했다. 문왕은 드넓은 영토를 효과적으로 다스리기 위해 지방에 다섯 개의 수도(5경)를 만들고 이처럼 현지 세력과 혈맹을 통해 돈독한 관계를 유지해나갔다.

好仇嫁于君子
공주는 훌륭한 배필로서 군자에게 시집갔다.

—정효공주 비문

문왕의 딸 정효공주는 어떤 의미에서 지방 통치의 임무를 맡고 파견된 아버지의 특사였다. 부부 사이가 좋으면 나라도 든든할 터였다.

琴瑟之和菉蕙之馥
부부의 금슬은 창포와 난초처럼 향기로웠다.

—정효공주 비문

혼인으로 맺어진 중앙과 지방의 관계는 긴밀하고 단단했다. 문왕은 정교한 행정체계와 치밀한 지배전략으로 사방 5000리의 드넓은 영토를 통치했다. 새로운 통치 시스템은 왕권을 강화하고 발해를 안정시켜나가기 위한 문왕의 전략이었다. 이런 문왕의 통찰력은 대외

관계에서도 빛을 발한다.

중립외교로 실리를 챙기다

756년, 발해에 당의 장수가 찾아와 뜻밖의 요청을 했다. 당에 군사를
보내달라는 것이었다. 세계 최강국인 당이 발해에 병력 지원을 요청
한 것이다. 그 이유를 일본의 역사서인《속일본기》는 안록산(安祿山 ·
703~757) 때문이었다고 기록한다.

　당시 당 현종은 애첩 양귀비(楊貴妃)에게 푹 빠져 있었다. 양귀비의
수양아들이었던 안록산은 양귀비와 당 현종의 권세를 등에 업고 무

양귀비(왼쪽에서 두번째)와 안록산(맨 오른쪽).

소불위의 권력을 휘둘렀다. 안록산의 야욕은 끝이 없었다. 753년, 안록산은 스스로 황제가 되기로 결심한다. 자체 병권을 가진 절도사였던 그가 반란을 일으킨 것이다. 15만 명에 달하는 안록산의 군대는 낙양에서 당군을 대파하고 장안까지 진격했다. 반란군의 위세에 놀란 당 현종은 급기야 수도를 버리고 서쪽으로 피신하기에 이른다. 세계 최강의 당도 속수무책이었다. 결국 당은 새로운 강국 발해에 손을 내밀었다.

> 안록산을 공격하겠으니 문왕께서 기병 4만 명을 일으켜 적을 평정하는 데 지원해주기 바랍니다. ─《속일본기》

그러나 문왕은 당의 말을 그대로 믿지 않았다. 파견된 당의 장수를 억류하고 사태의 추이를 살폈다는 기록이 나온다. 문왕의 판단은 적중했다. 원군을 요청한 것은 당 황제가 아니라 안록산의 반란군이었던 것이다. 1년 뒤, 당은 또다시 발해에 도움을 요청했다.

> 天子歸于西京滅?滅賊徒
> 천자께서 장안에 돌아왔고 이미 적(안록산)을 패주시켰습니다.
>
> ─《속일본기》

반란이 수습되어가고 있으니 도와달라는 요청이었다. 문왕은 이번에도 당 황제의 요청을 묵살했다. 사신을 잡아두고 따로 진상을 조사했다.

문왕의 속셈은 당 조정과 안록산의 반란군 어느 쪽에도 서지 않은 채 몸값을 올리는 것이었다. 중립적인 자세를 유지하면서 실리를 챙기려는 고도의 외교 전략이었다. 동북아역사재단의 윤재운 박사는 "발해가 이러한 실리 위주의 중립 외교를 통해 국제관계에서 우위를 점했다"고 평가한다.

그로부터 1년 뒤인 758년 2월, 이번엔 일본에서 사신이 찾아왔다. 일본은 당이 흔들리는 기회를 틈타 한반도를 침략할 계획을 세우고 있었다. 그들도 발해에 도움을 요청했다. 일본은 대담하게도 신라 정벌을 꿈꾸고 있었다. 고구려를 멸망시키고, 무왕이 당을 정벌한 틈을 타 후방에서 발해를 공격했던 신라. 발해 입장에서도 신라는 눈엣가시였다.

758년 9월, 이번에는 문왕이 일본의 수도 나라로 장군 양승경(楊承慶)을 파견했다. 일본 천황은 사신 양승경을 크게 환대했다. 양승경에게 엄청난 선물까지 하사했다. 천황은 그에게 신라 정벌 계획을 직접 설명하며 발해의 원조를 호소했다.

女樂幷綿一萬屯   여악(기생)과 면 1만 둔을 하사하다.

—《속일본기》

일본의 천황이 발해의 사신에게 선물을 하사한다? 당시 외교 전례상 유례없는 일이었다. 우에다 마사키 교토대학교 사학과 명예교수는 "사신에게 선물을 그렇게 많이 제공했던 예가 없을 뿐 아니라, 그것도 순인(淳仁) 천황이 직접 하사했다는 것은 의미심장한 대목"이라고 강조한다. 그만큼 일본은 신라 정벌에 공을 들이고 있었다는 뜻이다. 그 후 일본은 발해를 믿고 신라 정벌을 추진했다. 그러나 문왕은 머릿속으로 국제 정세를 냉철하게 계산하고 있었다. 안록산의 난은 이제 수습 국면에 접어든 상태였다. 762년 10월, 문왕은 무관이 아닌 문관 정당좌윤(政堂左允) 왕신복(王新福)을 일본에 다시 파견했다. 무관 사신을 보내던 외교 전례를 깬 것이다. 이에 대해 우에다 마사키 교수는 "문왕 대흠무가 무관 대신 문관을 파견한 것은 신라 정벌에 대한 명확한 거부의 뜻을 전하기 위한 제스처였다"고 설명한다. 발해 사신은 그렇게 일본의 기대를 저버렸다.

8세기 중반, 동아시아의 모든 국가가 발해의 힘을 원하고 있었다. 그러나 문왕은 쉽게 칼을 들지 않았다. 문왕의 외교력만으로도 발해는 계속 승승장구하고 있었다.

무역강국이 곧 외교강국이다

당 현종은 즉위 초 태평성대를 이끌어나갔지만 며느리 양귀비와 불륜의 사랑에 빠진 후에는 국정을 제대로 돌보지 않았다. 현종은 안록산의 난을 수습하지 못했고 그 기회를 틈타 일본은 당의 우방인 신라를 넘봤다. 문왕은 이런 국제 정세의 흐름을 정확히 파악하고 있었다. 그리고 그 기회를 놓치지 않았다.

중국 산둥반도에 위치한 평라이시. 당나라 때 등주였던 평라이시의

한 마을에 발해의 흔적이 남아 있
다. 펑라이시 종루 남로 동쪽의 창
위이(長裕)라는 마을이다. 당나라 때
이 마을에는 발해인과 신라인들이
무역을 하기 위해 왔다가 묵던 국빈
관이 있었다. 이른바 발해관과 신라
관으로 서로 나란히 붙어 있었다.

일본의 구법승 원인.

1300년 전, 등주는 동아시아 제일
의 국제 무역항이었다. 일본의 구법
승 원인(圓仁 · 794~864)이 당나라를
여행하며 쓴 《입당구법순례행기入唐
求法巡禮行記》엔 등주의 발해관에 대
한 기록이 있다.

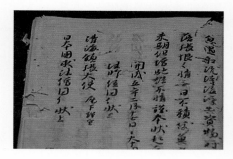

원인이 쓴 《입당구법순례행기》에 발해관에 대
한 기록이 남아 있다.

登州城南街東 有新羅館渤海館
등주성 남쪽의 거리 동편에 신라관과 발해관이 있다.

발해관은 사신들이 머무르는 숙소이자 무역관이었다. 문왕 시대에
발해는 당에 50여 차례 사신을 보냈는데, 이들은 모두 상인들을 동반
했다. 무역을 했던 것이다. 문왕은 당과의 외교 활동을 무역의 기회
로 활용했다. 당나라 상인들은 발해의 특산물에 열광했다. 《신당서》
에 따르면 발해 민간에서 귀중히 여기는 것은 부여의 사슴과 막힐의
돼지, 솔빈의 말 등이었다. 발해는 당에 다양한 특산물을 수출했는데

옛 솔빈부의 땅인 연해주의 체르냐치노.

그중에서 가장 대표적인 것이 '솔빈의 말'이었다.

옛 솔빈부의 땅이었던 러시아 연해주의 체르냐치노. 1997년 이곳에서 발해의 고분군이 발견됐다. 무덤에선 지하에 구덩이를 파고 유해를 넣는 토광묘(土壙墓)와 바닥에 자갈을 깔고 그 위에 목관을 안치하는 이른바 '돌 깐 무덤'이 함께 발견됐다.

러시아과학원 극동지부는 한국과 함께 10년째 공동 발굴을 해오고 있는데 지금까지 토기, 창, 장신구 등 발해의 유물이 다량 출토되었다. 그리고 이곳이 '솔빈의 말' 생산지임을 증명하는 유물도 나왔다. 청동으로 만든 기마인물상이다. 인물상엔 무인의 투구와 갑옷은 물론 말의 갈기와 고삐까지 표현돼 있었다. 니키틴 교수는 "8세기 말에서 9세기 초에 발해에 흡수된 말갈족들이 솔빈 지역에서 오랫동안 말을 생산해왔음을 입증해주는 청동상"이라고 설명한다. 그 근거로 니

체르냐치노 발해 고분군 유적.

키틴 교수는 고대 문헌에서 발
해의 가장 가치 있는 수출품으
로 솔빈 지역의 말이 언급되고
있다는 점을 든다.

발해 고분군에서 발견된 청동기마인물상.

솔빈의 땅, 체르냐치노 일대는
지금도 러시아에서 손꼽히는 말 생산지다. 넓은 평원과 초원이 있고
땅에 영양분이 많아 힘 좋고 튼튼한 말이 잘 자라는 것으로 유명하다.
솔빈의 말은 당나라 등주로 수출되었다. 당나라 상인들 사이에서 발
해 명마의 인기는 식을 줄 몰랐다.

貨市渤海名馬歲歲不絶

시장에서 발해의 명마를 사고 팔았다. 해마다 끊이지 않았다.

—《구당서》

한국사傳 3 | 발해는 황제의 나라였다 - 문왕 대흠무 |

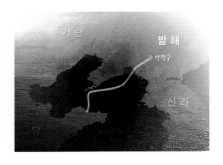

박작구에서 발해만을 가로질러 산둥반도에
이르는 대당무역로.

말은 바닷길을 통해 운반됐다. 무역선은 발해의 대외 무역항인 박작구에서 출발해 압록강 하구로 나아갔다. 발해만을 가로질러 산둥반도에 이르는 길이 당시의 무역로였다. 배가 도착한 곳은 당나라 때 등주, 산둥성 펑라이시였다.

이정기와 문왕의 민족 공조

당시 말은 단순한 상품이 아니라 오늘날의 전차처럼 전쟁터에서 매우 중요한 역할을 수행하는 일종의 전략물자였다. 그런데 아무래도 이상하다. 아무리 이윤이 많이 남는다고 해도 당나라에 말을 파는 것은 곧 적을 이롭게 하는 행위다. 문왕 대흠무는 과연 무슨 생각을 했던 것일까?

당시 문왕과 말을 교역했던 인물의 정체를 알고 나면 의문이 풀린다. 그는 바로 이정기(李正己 · 732~781)였다. 요동 지역을 관할하던 평로절도부(平盧節度使)의 관원이었던 이정기는 안록산의 난을 틈타 군사를 모았다. 그 후 평로절도부를 장악하고 산둥반도 일대에 평로치청번진(平盧淄青藩鎭)이란 독자적 세력을 구축했다. 그는 고구려 출신이었다.

李正己高麗人也   이정기는 고구려 사람이다.

—《구당서》

패망한 나라의 유민으로 당의 핍박 속에 살아온 이정기는 새로운 나라를 세우겠다는 목표를 가지고 있었다. 문왕이 말을 판 것은 이정기가 산둥반도를 중심으로 독립왕국을 세우고 차츰 세력을 키우면서 중원 정벌을 노리던 때였다. 이정기와의 거래로 발해는 경제적으로는 물론 정치적으로도 큰 이익을 챙겼다. 당에 대항하는 이정기에게 전략물자인 말을 공급하는 것은 당을 간접적으로 압박하는 효과가 있었다. 같은 고구려인인 이정기와 문왕의 밀착은 당에게 큰 위협이었다. 이른바 민족 공조가 시작된 것이다.

그런 점에서 문왕과 이정기는 말 거래를 통해 서로 득이 되는 윈윈 관계를 유지했다고 할 수 있다. 발해는 당시 최고 히트 상품이었던 비단을 저렴하게 들여올 수 있었고, 이정기의 치청 번진은 중앙 정부나 지방 번진과의 끊임없는 전투에서 아주 중요한 전략물자인 말을 안정적으로 공급받을 수 있었기 때문이다.

문왕의 전략은 적중했다. 당 숙종은 문왕에게 최고위 관직을 계속 수여했다. 어느덧 정1품 사공태위(司空太尉)에 이르렀다. 당 입장에서는 발해를 달래려면 무슨 방법이든 써야 했던 것이다. 문왕에게 무역은 곧 외교였다. 그리고 무역에서 우위는 외교와 정치의 승리로 이어졌다.

북한과의 접경지대에 위치한
러시아 크라스키노.

크라스키노성 터.

동아시아 네트워크의 중심에 서다

문왕이 이정기와 말을 교역했던 무역로는 아버지 무왕이 등주를 정
벌하기 위해 사용했던 바로 그 길이기도 하다. 아버지가 군사를 이끌
고 갔던 길을 아들은 물자를 싣고 가서 발해의 새로운 면모를 보여준
셈이다. 발해는 이렇게 수륙 양면을 통해 주변 국가들과 활발하게 무
역을 했다.

1958년, 북한과의 접경지대에 위치한 러시아 크라스키노에서 무역

크라스키노성에서 출토된
인동초 무늬 벽돌.

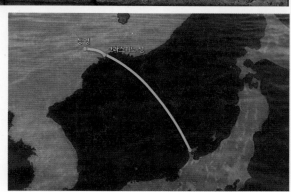

발해 배들이 동해를 거쳐
일본으로 갔던 바닷길.

의 전진기지 역할을 했던 발해의 성이 발견되었다. 크라스키노성은
돌로 성벽을 쌓고 옹성 등의 방어시설을 구축한 전형적인 고구려식
성이었다. 발굴 결과 성의 중요도를 말해주는 유물이 출토됐다. 왕성
급 도성에서만 출토되는 인동초 무늬 벽돌이다.

　니키틴 교수는 벽돌의 발굴이 시사하는 바가 매우 크다고 강조한다.
크라스키노가 과거 발해시대에 행정도시의 중심, 즉 주도(主都)였다는
증거이기 때문이다. 성의 규모를 보면 둘레가 1.2킬로미터, 내부 면적
이 13만 평방미터에 이른다. 발해는 왜 이곳에 이처럼 거대한 성을 건
설했을까? 그것은 바다 때문이었다. 성은 동해로 열린 포시에트 만에

1300년 전 바다를 건넌 발해 배들이 드나들었던 일본 후쿠라 항.

인접해 있다. 발해 5경 가운데 동경에 속한 크라스키노는 발해의 대표
적 항구였다. 발해의 배들은 크라스키노에서 출발, 동해를 횡단해 일
본으로 갔다. 배가 도착한 곳은 일본 이시카와 현 노토(能登) 반도다.

1300년 전, 후쿠라(福浪) 항은 동해를 건넌 발해의 배들이 드나들던
일본의 항구였다. 지금도 후쿠라 항엔 발해 사신이 머물렀던 흔적이
남아 있다. 이 바닷길은 두 나라가 인정한 공식 교통로였다. 이른바
《신당서》에 등장하는 일본도(日本道)다.

> 동경 동남쪽은 바다와 접하여 일본으로 통하는 길(日本道)이다. ─《신당서》

9월 하순이 되면 러시아 크라스키노에서 부는 북서풍이 안정적으
로 잦아든다. 가나자와 가쿠인대학교 문화재학과의 고지마 요시타카
교수는 "발해의 배가 이 북서풍을 타고 11~12월에 후쿠라 항에 도

착했을 것"이라고 추정한다. 발해 사
신들의 바닷길은 육지로 이어졌다. 당
시 일본의 수도였던 나라에서는 지금
일본 천황이 살던 평성궁(平成京) 유적
에 대한 발굴, 복원 작업이 수십 년째
진행되고 있다. 이곳에서 당시 발해
사신이 일본에서 무엇을 했는지 추정
할 수 있는 단서가 발견됐다. 1990년
경 평성궁 좌경 32방이라는 곳에서 실

일본 평성궁 발굴 과정에서 출토된 목간.
희미하게 발해사(渤海使)와 교역(交易)이라
는 글씨가 보인다.

시한 발굴조사 결과 찾아낸 목간(木簡)이다.

목간은 종이의 대용품이었다. 1200년의 시간 속에 닳고 바랜 목간
엔 희미하게 발해의 흔적이 남아 있다. '발해사(渤海使)', 즉 발해의
사신과 '교역(交易)'이라는 단어다. 발해의 사신이 일본에서 교역을
했다는 증거인 셈이다. 이노우에 가즈토 나라문화재연구소 국제유물
연구실 실장은 "8세기 전반인 727년에는 발해가 교역보다는 정치적
인 의도로 외교 사절을 파견했지만, 발해를 비롯한 한반도의 정세가
안정되면서 차츰 교역의 목적이 커졌을 것"으로 추정한다.

사신들은 무엇을 팔았을까? 목간엔 당시 주요 교역품도 쓰여 있다.
초피(貂皮), 즉 검은담비의 가죽이었다. 검은담비는 중국과 한반도,
시베리아 등지에서 사는 족제비과의 동물로, 당시엔 그 가죽이 황금
에 비유될 정도로 가치가 높았다. 지금도 영국의 대관식에 입는 유니
폼을 이 가죽으로 만들 정도로 최고의 신분을 상징하는 물건이다.

일본 귀족들 사이에서 초피로 만든 옷의 인기는 폭발적이었다. 당

검은담비로 만든 가죽옷.

시 일본에서 초피 옷은 부와 권위를 상징했다. 한 번에 일곱 벌씩 겹쳐 입은 사람이 나타날 정도로 일본 귀족들은 경쟁적으로 초피를 사들였다. 초피의 인기 과열로 국가 재정의 파탄까지 우려되는 상황이었다. 일본 조정은 급기야 법까지 만들어 과소비를 제한했다.

但貂皮者 參議以上及 非參議三位聽
담비가죽은 참의 이상, 참의가 아니면 3위 관리만 착용한다.

—《연희식》

발해는 일본도 외에 신라, 당, 거란 등 각국으로 가는 무역로를 확보하고 있었다. 발해에서 뻗어나가는 일본도, 신라도(新羅道), 거란도(契丹道), 영주도(營州道), 압록도(鴨綠道)의 5대 무역로는 동아시아의 네트워크를 형성했다. 발해는 무역로를 통해 동아시아 네트워크의 중심에 섰던 것이다.

그 후 문왕은 발해의 파워를 대외적으로 적극 표출하기 시작한다. 771년 6월, 문왕이 일본에 보낸 국서는 전례를 찾아볼 수 없을 만큼 파격적인 내용이었다. 문왕은 국서에서 '발해를 장인, 일본을 사위(舅甥)'로 규정했다. 발해가 일본의 어버이 나라라는 의미였다. 한마디로 일본을 낮춰 부른 것이다. 당연히 일본은 발해의 태도가 무례하

발해의 5대 무역로.

다고 여겼다.

方今大氏曾無事故妄稱舅甥

지금 대씨가 이유 없이 고의로 망령되게 일본을 사위라 칭하니

—《속일본기》

문왕은 이런 자신감을 두 딸의 묘비에도 새겼다. '황상'이라는 표현이 그것이다. 이는 발해가 그 누구의 간섭도 받지 않는 세상의 중심이라는 선언이었다. 발해는 강한 자신감과 긴밀한 네트워크를 바탕으로 동아시아의 강자로 우뚝 섰다. 그리하여 세계 최강 당나라도 인정하는 '해동성국', 즉 바다 동쪽의 강성한 나라를 이루었다. 문왕 대흠무, 그는 동아시아의 모든 길을 발해로 통하게 하여 평화적 네트워크로 세상의 중심이 된 진정한 황제였다.

한국사傳 3

8

조선시대를 대표하는 음유시인, 송강 정철.

그러나 역사는 정철에게

극과 극의 엇갈린 평가를 내리고 있다.

사독한 정철이 무고한 사람들을 죽였다는 기록이 있는가 하면,

청렴하고 강직한 정철이 모함을 받았다는 기록도 전한다.

1000명의 선비가 죽임을 당한 기축옥사,

그 중심에 송강 정철이 있었다.

진실은 과연 무엇이었을까?

시인에서 땅쟁의 투사로
─ 송강 정철

사람들은 송강 정철(鄭澈 · 1536~1593)을
가사문학의 일인자로 꼽는다.
그가 쓴 〈관동별곡〉, 〈사미인곡〉 등은 지금까지도
한국문학의 한 페이지를 장식할 만큼 대단히 높은 평가를 받고 있다.
정철이 이룩한 문학적 공로와 명성을 생각하면
정치인으로서 그의 모습은 전혀 떠오르지 않는다.
그러나 정철은 정치 권력의 정점에 있었다.
조선시대 최대의 정치 참사로 일컬어지는 기축옥사(己丑獄事).
1000명의 조선 선비들이 죽임을 당한 그 회오리바람의 중심에
바로 정치인 송강 정철이 있었다.
천하의 문객이 왜 이런 비극의 정점에 서게 된 것일까?
잔인한 죽음들과 관련된 송강의 행적은 후세에 두고두고 논란이 되었다.

조선에 불어닥친 기축옥사 광풍

전남 나주시 왕곡면의 광산 이씨 집성촌에서는 예전에 고기를 다질 때 "철, 철, 철" 하고 주문을 외듯 중얼거렸다고 한다. 이 말은 아낙들의 단순한 입버릇에서 나온 것이 아니라 특정인에게 퍼붓는 일종의 주술이다. 정철에 대한 한이 얼마나 깊었으면 고기를 다질 때 정

전남 나주시 왕곡면의 광산 이씨 집성촌.

정여립이 터를 잡고 살았던 죽도 전경.

철의 이름을 되뇌일까. 기축옥사 때 멸문지화를 입고 숨어 지내야 했던 광산 이씨 후손들. 그들의 피맺힌 한이 400년 넘게 이어지고 있다. 뿌리 깊은 원한은 선조 22년(1589), 황해감사가 올린 비밀장계 한 장에서 시작됐다.

왕에게 건네진 장계의 내용은 충격적이었다. 정여립(鄭汝立 · 1546~1589)이라는 자가 모반을 꾀했다는 것이었다.

역모의 주동자로 지목된 정여립은 당시 관직에서 물러나서, 삼면이 강으로 둘러싸여 산속의 섬이라 불리는 전북 진안의 죽도에 터를 잡고 살았다. 정여립이 죽도 선생이라 불린 것도 그때부터였다. 죽도에서 정여립은 대동계(大同契)를 조직했다. 정여립은 매월 15일에 그들에게 글을 가르치고 무술훈련을 시켰다. 대동계는 죽도 뒤편의 천반산에서 훈련을 하면서 힘을 키워나갔다. 이렇게 대동계를 만들고 훈련시킨 정여립의 행적은 정황상 역모를 꾸미고 있다는 오해를

정여립의 집터.

살 수밖에 없었다. 더욱이 그는 당시 사람들과 다른 사상을 갖고 있었다.

천하는 공물(公物)인데 어찌 주인이 따로 있겠는가.

—《선조수정실록》 선조 22년 10월 1일

왕이 천하의 주인인 조선시대, "천하는 곧 공물"이라는 그의 발언은 왕권에 대한 도전이었다. 선조는 진노했다. 결국 정여립 체포령이 내려졌고, 관군에 쫓기던 정여립은 천반산 동굴에서 최후를 맞는다.

관군이 포위하자 정여립이 칼을 땅에 거꾸로 꽂고 자살하니, 그 소리가 소울음소리 같았다. —《선조수정실록》 선조 22년 10월 1일

이후 선조는 정여립의 집터까지 송두리째 파내버렸다. 이렇게 파낸 정여립의 집터를 '파쏘'라고 했다. 정여립의 집터를 숯불로 지진후 파서 못을 만들었는데, 역적이 난 곳의 풀을 말이라도 먹게 되면말조차 역적질을 한다는 생각 때문이었다고 한다.

당시 정여립의 집을 압수수색하는 과정에서 많은 서찰들이 발견되었다. 조정은 서찰에 언급된 선비들도 대거 잡아들였다. 《연려실기술》에 의하면 평소 정여립을 칭찬한 사람들은 다 죄를 받았다. 광산이씨인 이발과 이길도 그들 사이에 끼어 있었다. 그리고 역모에 가담한 자들을 색출하기 위한 대규모 국문이 열렸다. 국청에서 죄인을 심문하고 재판하는 최고 담당자를 위관(委官)이라고 하는데, 위관을 맡은 이가 바로 정철이었다.

정철은 1589년 10월 상소를 통해 역적을 체포하고 계엄을 내리는등 사건을 엄중히 다스릴 것을 주문했다. 옥사는 강경하게 처리됐다. 사형이 난무하고, 불에 달군 쇠로 몸을 지지는 단근질까지 매우 참혹

정철의 상소문.

한 국문이 벌어졌다. 이 일로 정철은 역사에 오명을 남긴다. 《선조실록》은 정철이 기축옥사를 이용해 자신과 의견이 다른 사람들을 일망타진했다고 전한다. 그중엔 특히 호남 지역의 선비들이 많았다.

전라남도 나주시에 있는 호암서원은 이발을 비롯해 기축옥사 때 희생당한 호남 출신 사림 아홉 분의 위패를 모셔

호암서원. 기축옥사 당시 희생당한 호남 출신 사림 9인의 위패를 모셔 놓았다.

놓은 곳이다. 후손들은 한결같이 이들이 기축사화 때 정철의 모략으로 옥중에서 돌아가신 분들이라고 주장한다. 후손들은 왜 이렇게 주장하는 것일까? 실제《선조실록》은 이들의 죽음이 거짓 고변에 의한 것이라고 기록하고 있다.

> 선홍복을 사주하여 이발, 이길, 백유양 등을 거짓으로 고변하게 하였다. 이는 정철이 꾸민 일이다. ─《선조실록》 1589년 12월 12일

이 일에 연루되어 목숨을 잃은 사람 가운데 정개청(鄭介淸·
1529~1590)도 있었다. 정개청은 조정에서 내리는 관직을 사양하고
학문에만 전념했던 인물이다. 그가 평소 공부하며 적은 글인《우득록
愚得錄》은 선비들의 윤리 교과서 역할을 했다. 그러나 정개청에 대해
정철은 좋지 않은 감정을 갖고 있었다.《선조실록》에는 정철이 정개
청에게 앙심을 품었다고 나와 있다. 이종범 조선대학교 사학과 교수
에 따르면 정철과 정개청의 사이가 좋지 않았던 이유는 "정개청이 정
철에 대해 아무리 문장가라고 해도 주색으로 후배들을 이끈다며 강
하게 비난했기 때문"이라고 한다.

정철은《우득록》에 등장하는 '절의'라는 단어 앞에 '배(背)'자를
추가해 평소《주자》의 '절의'를 논한 정개청을 '배절의', 즉 절의를
배척한 인물로 몰아세웠다.

> 정철이 말하기를 "네가 주자를 어떻게 아느냐? 주자도 스승을 배반했던
> 가?" —《선조수정실록》선조 23년 2월 1일

《우득록》 서문.

어려서 집을 나와 유랑하던 정개청
은 박순(朴淳)이란 사람을 만나 그의
밑에서 10년 동안 친자식처럼 자란
다. 그리고 박순의 천거로 관직을 제
수받아 6품까지 올랐다. 그런데《실
록》에 따르면 박순이 조정에서 배척
당하기 시작하자 정개청이 자신까지

화를 입을까 싶어 박순을 배신했다고 한다. "도리어 정여립, 이발, 이길과 서로 결탁하고 서로 추켜세웠다"는 것이다. 정철이 정여립을 '배절의'라고 몰아세운 것도 스승인 박순을 배신했다는 이유에서였다. 《실록》은 정철이 그를 몹시 증오했다고 전한다. 또 《우득록》 서문에는 정철이 정개청의 논설을 배절의설로 바꿨다는 내용이 적혀 있다.

조선 사회에 광풍을 몰고 온 기축옥사로 무려 1000여 명이 목숨을 잃었다. 백성들이 연좌되어 끌려가면서 감옥이 가득 차고 마을이 텅 비게 만든 조선 최대의 정치 참사였다.

> 대단한 죄가 아닌데도 백성들이 연좌되어 감옥이 가득 차고 마을이 텅 비게 되었다. —김천일의 상소

이성무 한국역사문화연구원 원장에 따르면 기축옥사는 "3년 동안 집중 조사를 하며 자기 마음에 안 드는 사람은 굴비 엮듯 엮어서 죽인 처절한 당쟁이었다"고 설명한다. 정철이 그런 기축옥사의 주역이 됐다는 것은 어쨌든 불행한 일이었다.

후세는 이 모두를 정철이 지휘했다고 고발한다. 인구 400만의 조선에서 1000명의 선비가 살해당한 엄청난 사건에 정철이 깊이 관여했다는 역사의 기록은 천재 문인 정철과는 너무도 다른 이미지를 전해 준다. 그는 왜 피바람 부는 당쟁의 한복판에 서 있었던 것일까? 송강 정철, 그는 과연 어떤 인물이었을까?

대쪽 같은 원칙주의자

송강 정철이 두 동강을 냈다고 전해지는 누룩바위.
강원도 양양군 상운리.

강원도 곳곳엔 그곳에서 1년간 관찰사를 지낸 정철과 관련된 설화들이 전한다. 그중 하나가 강원도 양양군 상운리에 있는 누룩바위에 관한 이야기다. 마을을 지키던 이 누룩바위를 정철이 두 동강을 냈는데 그 후로 마을이 못 살게 됐다는 내용이다. 이 외에도 정철에 관한 많은 설화들이 전하는데, 대부분 그를 완고한 인물로 묘사하고 있다.

정철의 설화가 다른 목민관과 달리 독특하게 남아 있는 까닭은 무엇일까? 김기설 강릉민속문화연구소 소장은 "강직하고 타협을 싫어했던 정철의 대쪽 같은 성격 때문"이라고 본다. 그런 성격으로 권모술수가 난무하는 정치판에서 자리를 잡기란 쉬운 일이 아니었을 것이다.

정철이 살았던 16세기, 조선에 새로운 정치 세력이 등장했다. 초야에 묻혀 학문과 교육에 힘써온 이황(李滉), 이이(李珥), 조식(曺植) 등이 주축이 되어 성리학의 이상을 조선 사회에 실현하려 한 이들 신진세력을 '사림(士林)'이라 불렀다. 정철도 사림 출신 중 한 명이었다. 그는 26세에 장원급제를 하면서 화려하게 정치 무대에 등장했다.

《선조실록》에 따르면 호랑이와 독수리의 절개를 가졌다고 임금이 칭찬할 만큼 정철은 주목받는 정치인이었다. 그러다 정권을 잡은 사림 내부에서 갈등이 생겨나기 시작했다. 왕도를 실현해가는 과정에

사림의 붕괴 후 정릉(위) 쪽은 서인, 동대문 쪽은 동인으로 당이 나뉜다.

서 조금씩 생겨난 입장 차이는 결국 당쟁으로 번졌다. 활동 근거지에
따라 정릉 쪽은 서인, 동대문 쪽은 동인으로 당이 나뉘었다.

송강 정철의 종가. 충북 진천면.

선조 이후로 하나가 갈려 두 당이 되고 둘이 갈려 네 당이 되기에 이르렀
다. —《곽우록葛葛錄》

나라를 공정하게 이끌겠다고 하는 이상은 같았다. 그러나 "외척 문
제나 임금을 대하는 태도, 임금과 일정한 거리를 유지할 것인지, 아
니면 임금과 일체가 되어 나라를 이끌 것인지 등의 의견 차이가 당쟁
으로 비화되었다"는 것이 이종범 교수의 설명이다.

동인과 서인 간에 갈등이 치열해질수록 정철의 존재는 더욱 돋보
였다. 정철은 서인의 영수로 전면에 나섰다. 대립이 심해지자 율곡
이이의 중재로 동서 간에 화해를 꾀하는 자리가 마련됐다. 서인의 대
표 정철과 동인의 영수 이발(李潑·1544~1589)이 만난 것이다. 그러나
그 자리에서도 언쟁이 계속됐다. 두 사람은 서로의 입장만 강하게 내

세웠다. 급기야 정철이 이발의 얼굴에 침을 뱉는 사건이 일어난다. 이 일로 동인과 서인은 돌아올 수 없는 강을 건너게 되었다.

그런데 원칙과 소신을 중시하며 타협을 거부했던 정철에게도 치명적인 약점이 있었다. 그것은 바로 그가 평생 벗 삼은 술이었다. 유성룡의 《운암잡록雲巖雜錄》에 따르면 정철은 술 때문에 정적들로부터 숱한 공격을 받았다. 정철이 술에 취해 일을 돌보지 않는다는 비난이었다. 지금도 정철의 종가에는 그의 인생에 남겨진 술의 흔적이 전해 내려오고 있다.

충북 진천면에 위치한 정철의 종가에는 가보로 이어져 내려오는 귀한 물건이 있다. 임금이 직접 정철에게 하사했다는 은잔이다. 정철이 술을 많이 마셔서 선조대왕이 잔을 하사해 그 잔에 한 잔씩만 따라 마시라는 의미였다고 한다. 그런데 이 은잔을 두고 동인들은 정철이 두드려 펴서 원래보다 크게 만들었다는 비난까지 서슴지 않았다. 조금이라도 더 많이 마시려고 꾀를 부렸다는 것이다. 정철은 자신이 술을 못 끊는 이유를 당당히 밝히고, 늘 술을 마시며 살았다. 또 술에 취하면 위아래를 따지지 않고 사람들을 면전에서 꾸짖었다고 《선조수정실록》은 전한다.

선조대왕이 정철에게 하사한 은잔.

정철이 벼슬을 버리고 낙향한 후 머물렀던 식영정. 전남 담양.

《송강집》 목판. 담양 가사문학관 소장.

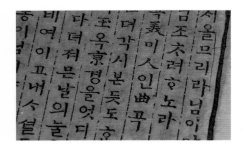
송강 정철의 한글 가사.

평생을 술과 함께하며 타협을 몰랐던 정철은 동서 당쟁의 소용돌이 속에서 자신의 뜻을 이루지 못하자 벼슬을 버리고 낙향했다. 율곡 이이의 만류에도 불구하고 미련 없이 어지러운 정치판을 떠났다.

정계를 떠난 정철은 전라도 담양의 식영정(息影亭)에 머물렀다. 자연 속에 파묻혀 시를 쓰며 정치에 찌든 몸과 마음을 쉬었다. 〈사미인곡〉과 〈속미인곡〉 등 후세에 길이 남을 가사를 지은 것도 식영정에서였다. 담양 가사문학관에는 목판에 새긴 송강의 시가 보관돼 있다. 정철은 임금에 대한 그리움과 아름다운 자연에 대한 경이를 시로 표현했다. 한글로 쓰인 송강의 가사에서는 선조에 대한 충정이 절절이 묻어난다.

가슴으로 부르던 '임'을 향한 사모곡

시대와의 불화를 위대한 시로 승화시킨 송강 정철은 뛰어난 문체와

표현력으로 독보적인 문학세계를 구축했
는데, 특히 그의 가사 작품은 우리 문학의
수준을 한 단계 끌어올렸다는 평가를 받고
있다. 당대에는 보기 드물게 한문학과 한글
문학에 모두 능통했던 그는 실로 천재적인 예
술혼을 지닌 시인이었다.

《송강가사》.
국립중앙박물관 소장.

하지만 정철의 섬세한 감수성은 예술에 그쳤
어야 했다. 전남 담양을 벗어난 후 정치인으로서
의 정철은 조선 사회에 너무도 큰 비극을 안겨주
었다. 당쟁의 회오리 속에서 숱한 좌절을 겪으면서도 권력욕을 끝내
버리지 못했던 정철. 그 이면에는 어린 시절에 겪었던 깊은 상처가
숨어 있었다.

정철의 한글 가사 속에 유난히 많이 등장하는 단어가 있다. 바로
'님'이다. 임금을 님이라 부르며 충정을 노래한 그의 연군지사(戀君之
辭)는 유년 시절의 추억에서 비롯된다. 누이들이 왕가에 시집을 가면
서 정철은 어린 나이에 자연스럽게 궁 안을 출입할 수 있었다. 《송강
집》의 기록에 따르면 남들보다 일찍 궁궐의 화려함을 경험한 그는 당
시 대군이었던 명종과 소꿉친구가 되어 함께 뛰어놀았다고 한다. 그
러나 행복했던 시절도 잠시, 곧 그의 운명 앞에 먹구름이 끼기 시작
한다.

정철이 열 살 되던 1545년, 을사사화가 일어났다. 명종이 12세의
나이로 즉위하자 명종의 어머니 윤정왕후가 대왕대비로서 수렴청정
을 하게 됐다. 더불어 문정왕후의 형제인 윤원로와 윤원형 일파는 인

종의 외숙이었던 윤임 일파를 몰아내고 권력을 잡았다. 그 과정에서 수많은 선비들이 숙청당했다. 정철의 집안도 을사사화에 매형 계림군이 연루되면서 하루아침에 풍비박산났다. 매형은 모진 고문 끝에 능지처참을 당했고 이조정랑으로 있던 정철의 형은 곤장을 맞아 죽었다. 정철은 어린 나이에 권력의 처절한 쓴맛을 봐야 했다. 박영주 강릉대학교 국문과 교수는 어린 시절 정철의 경험이 "성장 후 권력의 중심부에 서 있지 않으면 위태로울 것이라는 불안감을 심어준 것 같다"고 말한다.

권력의 비정함을 일찍부터 깨달은 정철은 강경한 정치인으로 성장했다. 자신이 정한 원칙과 소신에 따라 행동하면서 절대 타협이란 걸 하지 않았고, 자기와 의견을 달리하는 사람들은 반드시 탄핵했다. 이런 외골수 성격은 주변 사람들에게 질타의 대상이 되었다. 그런 정철을 동인들은 특히 배척했다. 거친 표현까지 써가며 맹비난하자 정철이 분한 마음을 품었다는 기록도 있다. 정여립의 역모설이 조선을 뒤흔들고 기축옥사의 피바람이 불어닥친 것도 그즈음이었다.

역모자가 정여립으로 알려지면서 그가 속해 있던 동인 전체로 피바람이 번졌다. 그렇게 되자 서인들은 크게 기뻐했다.

> 정여립이 역적이 되자 서인들은 기뻐 날뛰지 않는 자가 없었다. 동인들은 일어설 길이 없었고 서인들은 손뼉을 치며 크게 기뻐하였다.
>
> —《연려실기술》14권 선조조 고사본말

낙향한 뒤 경기도 고양에 머물고 있던 정철에게 역모사건의 최고 재판관인 위관 자리가 주어졌다. 무수한 고변이 이어지는 상황에서 위관은 누가 되더라도 위험한 자리였다. 정철은 사양했지만 임금이 하루 세 차례나 재촉했다. 결국 제자들의 만류에도 불구하고 정철은 임금의 부름에 나아갔다. 웬만한 사람이라면 나서지 않는 게 정상이었다. 그러나 정철은 소신을 가지고 위관 직을 맡았다. 이에 대해 이성무 원장은 "정철이 순진하고 감성적인 면이 있었기 때문"에 빚어진 일이라고 본다.

1589년 11월, 정철은 위관으로서 기축옥사를 다스리는 최고 책임자가 된다. 정철은 역모에 가담한 자를 색출하기 위해 죄인들을 직접 심문했다. 정철 앞에 무릎 꿇은 이들은 모두 당색의 원수들이었다. 주모자인 정여립이 자살한 상황에서 사건의 배후를 밝혀야 하는 재판은 냉혹하기 그지없었다. 정여립과 당색이 같은 사람들 중에서 조금이라도 혐의가 발견되면 역모자로 몰아 처형했다.

그중엔 정철의 최대 정적이었던 이발도 있었다. 동인을 대표하는 영수로 정철과 침을 뱉어가며 싸우기도 했던 이발은 모진 고문 끝에 결국 죽었고 일족도 멸함을 당했다. 가족 중엔 여든이 넘은 노모와 여덟 살짜리 아들만 남았다. 정철은 늙은이와 어린아이에게는 형벌을 내릴 수 없다고 했지만 선조가 이를 허락하지 않았다. 《연려실기술》에는 국문 현장에 잡혀온 이발의 아들이 "평일에 아버지가 나를 가르치기를, '집에 들어서는 효도하고 나가서는 충성하라' 하였을 뿐 역적의 일은 들은 바 없습니다"라고 말하자, 화가 난 선조가 "이런 말이 어찌 놈의 자식의 입에서 나올 말이냐"며 때려 죽였다고 나와 있다. 노모 역시 화를 면치 못했다.

이발의 후손들이 신분을 속이고 숨어 살았던 전남 화순군 이서면 영평리.

이발의 모친과 남은 아이까지 죽이니 옥졸들도 눈물을 흘렸다.

—《연려실기술》14권 선조조 고사본말

그야말로 삼대가 멸한 것이다. 그런데 이 멸문지화에서 역사에 기록되지 않은 비밀이 있었다.

전남 화순의 한 마을에 기막힌 사연을 가진 주인공이 있다. 이진우 씨다. 광산 이씨 가문의 비밀이 담긴 족보에 당시 죽임을 당한 것으로 알려졌던 이발의 아들이 실제로는 살아남아 대를 이었던 것이다. 이발의 직계 아들인 만수(萬壽)였다. 아들 만수는 어떻게 살아남은 것일까? 기축옥사 때 잡혀간 아들은 이발의 실제 아들이 아니라 종의 아들이었다. 극적으로 살아남은 이발의 후손들은 본관을 바꾼 채 숨어 지냈야 했다. 그 후 300년이 지나서야 이런 기막힌 사연이 밝혀졌고 후손들은 뒤늦게 광산 이씨 족보에 오르게 되었다. 이진우 씨는 바로 이발의 15대 손이다.

스스로 광인이 되다

옥사가 점차 번져가고 탄핵이 더욱 준엄하게 되어가고 있었다.

—《선조수정실록》선조 22년 11월 1일

기축옥사의 피바람은 잦아들 줄 몰랐다. 희생자가 점점 늘어나면서 정철은 당황하기 시작했다. 《연려실기술》은 정철이 낭패(狼狽)했다고 전한다. 반면에 선조의 노여움은 더욱 커져갔고, 위관인 정철로서도 어찌할 수 없는 지경에 이르렀다. 후세의 기록은 당시 죽음에 대한 모든 책임을 정철에게 돌리고 있다. 이를 두고《선조수정실록》과《선조실록》이 아직까지 논쟁 중이다.《선조실록》은 당시의 비극을 모두 정철의 책임으로 돌리고 있다. 심지어 정철을 두고 '독철(毒澈)', '간철(姦澈)'이라고 부를 정도로 흉악하기 이를 데 없는 사람으로 묘사한다. 왕조실록은 철저히 정치적인 관점에서 쓰인 것이다. 훗날 서인이 집권한 뒤에《선조실록》을 고쳐 다시 편찬한《선조수정실록》은 정철이 희생을 줄이기 위해 나름대로 노력했다고 전하고 있다. 과연 송강의 진심은 무엇이었을까? 이와 관련해서 아주 중요한 사건이 있었다.

경남 진주에 위치한 도강서당에는 수우당 최영경(崔永慶·

도강서당. 경남 진주. 기축옥사 때 죽임을 당한 수우당 최영경의 위패가 모셔져 있다.

최영경의 위패.

1529~1590)의 위패가 모셔져 있다. 최영경은 남명 조식의 제자로 학문과 덕망이 높았다. 그 역시 기축옥사 때 역적으로 몰려 죽임을 당했다. 최영경의 죽음에 대해 동인들은 정철이 부당하게 죽였다고 주장한다. 그러나 이러한 공격에 대해 《선조수정실록》은 통탄할 일이라며 정철의 진심에 대해 이야기하고 있다. 1590년 6월 1일, 최영경이 옥에 갇히자 정철은 엽기적인 행동을 보인다.

정철 : (목을 자르는 시늉을 하며) 이 자가 평소 나를 이렇게 하려고 했지? 하지
만 나 같은 군자가 어찌 같은 보복을 생각할 수 있겠소? 하하하하.

—《연려실기술》14권 선조조 고사본말

이 날의 풍경은 무수한 사료에서 묘사되고 있다. 정적들이 보는 앞
에서 도저히 이해할 수 없는 광기어린 행동을 한 정철은 이런 말까지
한다.

정철: 오늘 나의 이 말은 농담이 아니오. 훗날 나더러 최영경을 죽였다고
할 때의 구실을 삼으려고 하는 것이오.

—《연려실기술》14권 선조조 고사본말

정철의 진심이 어떤 것이었든 분명한 점은 이러한 파격적인 언행
으로 인해 그가 저지른 일이 과장되게 알려졌다는 것이다. 정적들의
시선에 아랑곳하지 않았던 정철의 모습을 단순한 광기로 봐야 할까?
송강의 시문집인 《송강집》에는 '미칠 광(狂)' 자가 자주 등장한다.
송강은 스스로 광생(狂生), 즉 미
친 서생이라 부르기도 했다. 그
런데 후세 사람들은 송강을 두고
양광(佯狂)이란 표현을 쓴다. 양
광은 진실을 은폐하기 위해 일부
러 미친 척하는 것을 말한다. 손
찬식 충남대학교 국문과 교수는

《대동야승》.

235

"정철이 내면의 진실을 숨기기 위해 양광, 즉 거짓 미치광이 행세를 했다"고 보았다. 결과적으로 정적들은 정철을 정말 미친 사람으로 인식했기 때문에 정철의 의도는 성공한 셈이라는 것이다.

그러나 죄 없는 사람에게까지 화가 번지자 정철은 좌절에 빠진다. 당시 기록에서 그 좌절감을 읽을 수 있다.

> 정철의 집으로 찾아가 사태의 심각함을 이야기하니 정철이 머리를 흔들고 손을 저으며 이야기하였다. "그대들이 지난번에 한 말이 매우 옳았네, 지금의 난리를 진정시킬 방도가 나로서는 전혀 없네." —《대동야승大東野乘》

정철은 위관의 자리에 앉은 것을 뒤늦게 후회했다. 그러나 사태는 이미 걷잡을 수 없는 지경에 이르렀다. 누군가는 이 일을 책임져야 했다. 박영주 교수는 "정철이 정여립 모반사건 얘기를 듣고 나라를 구해야 한다고 임금에게 상소를 올렸고, 임금은 이를 어여삐 여겨 정승 벼슬을 내리고 위관 직을 맡겼기 때문에 이 일련의 과정에서 정철이 책임을 질 수밖에 없는 위치에 있었다"고 설명한다.

기축옥사의 칼을 빼든 건 정철이었지만, 그의 뒤에는 선조가 있었다. 선조는 특정 정파가 국정을 장악하는 것을 극도로 경계했다. 그만큼 왕권이 제약을 받기 때문이다. 동인을 견제하지 않으면 자신의 영향력이 축소될 것이라는 위기 의식을 느낀 선조는 자신의 의중을 정확하게 집행해줄 사람이 필요했다. "그 사람이 바로 정철이었고, 선조의 판단은 정확히 맞아떨어진 것"이라고 이종범 교수는 지적한다.

동서 당쟁이라는 극한의 정치적 이해관계 속에서 송강 정철이 개

입된 사건의 말로는 처참했다. 그러나 따지고 보면 그도 피해자가 아니었을까? 기축옥사의 '위관'이라는 자리는 어느 누가 맡았더라도 마찬가지였을 것이다. 격렬한 당쟁, 그리고 이를 이용해 절대왕권을 쥐려는 왕의 계략 속에서 송강 정철은 시대의 희생양이 되고 만 것이다.

권력은 돌고 돌아

3년간의 광란의 역사가 끝나자 선조는 변심한다. 정철이 선조에게 세자책봉 문제를 건의한 것이 빌미를 제공했다. 《연려실기술》은 이 일을 미끼로 선조가 크게 노하여 정철을 미워하기 시작했다고 전한다. 결국 정철은 파직되었고 유배당하는 신세가 되고 만다. 선조로부터 철저히 버림받은 것이다.

> 임금이 말하기를 "정철의 일을 말하면 입이 더러워질 듯하니 방치하는 것이 옳다. 최영경의 원통함은 내가 감당하겠다." —《선조실록》 선조 27년 8월 9일

그리고 "독한 정철 때문에 나의 어진 신하들을 죽였구나"라며 모든 죽음의 책임을 정철에게 뒤집어 씌웠다. 선조의 배신은 여기서 그치지 않았다. 정철을 위리안치(圍籬安置)시키고 유배지에 가시나무로 울타리를 쳐 움직이지 못하게 감금했다.

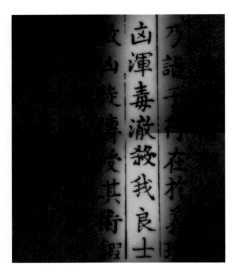
"독한 정철 때문에 나의 어진 신하들을 죽였구나"라고 선조가 한탄하는 《선조실록》의 대목.

강직하고 솔직한 탓에 적이 많았고, 그래서 험난한 가시밭길을 걸어야 했던 송강 정철.

말년에 그가 할 수 있는 일이라곤 책을 읽고 시를 쓰는 것밖에 없었다. 《송강유필松江遺筆》을 보면 그가 유배지에서 글을 읽은 횟수를 동그라미로 표시한 부분이 있다. 정철의 무기력한 말년 생활을 엿볼 수 있는 대목이다. 빼어난 시인이자 실패한 정치인의 초상을 보여준 정철은 빈곤 속에서 신음하다가 58세의 일기로 파란만장한 삶을 마쳤다. 《송강집》은 정철의 말년이 "숯으로 바꾸어 먹고 소반에는 간장이 없을 정도로 가난하였다"고 기록하고 있다.

《송강유필》.
가사문학관 소장.

이종범 교수는 "한 번 틀어지면 다시는 화해할 줄 모르는 고집불통이자 타협을 모르는 원칙주의자였던 정철이 정치와 무관한 시인으로 평생 살았다면, 후세에 아름다운 사람으로 기억되었을 것"이라고 안타까워한다. 예술적인 기질과 정치적인 성향 모두 날카로웠던 정철. 그래서 오히려 세속적인 처세에는 어두웠던 게 아닐까?

1589년 기축년에 일어난 비극은 한국사에 증오의 생채기로 남아 있다. 그리고 그 광기의 세월 속에서도 송강은 천재성을 발휘해 시를 썼다. 그의 시가 더욱 애절하게 느껴지는 것은 그 속에 우리 역사의 아픔과 회한이 오롯이 담겨 있기 때문이다.

한국사傳
3

9

태평성대를 구가했던 조선 세종 시대.

그러나 당시 기후나 자연 조건은 농사를 짓기에 열악했다.

실제 《세종실록》에는 수많은 가뭄 기록이 남아 있다.

가뭄은 흉작으로 이어져, 백성들의 삶은 피폐했고 농업은 황폐화했다.

그런데 이를 극복하고 조선을 부강한 나라로 이끈 임금이 있었다.

조선 제4대 세종대왕,

그는 어떻게 조선의 농업을 한 단계 끌어올린 민생군주가 되었을까?

밥은
백성의 하늘이다
— 민생군주, 세종

한글 창제, 집현전 설치, 수많은 과학기구 발명 등,
세종대왕은 우리 역사상
가장 위대한 성군으로 평가받고 있다.
그러나 세종이 나라를 물려받은 것은 1418년으로,
조부인 태조 이성계가 조선을 건국한 지 채 30년도 되지 않은 때였다.
모든 것이 아직은 혼란스러운 건국 초기.
게다가 연이은 흉년으로 백성들의 삶 또한 매우 피폐하던 시대였다.
그런데도 세종은 이 난국을 극복하고 그야말로 태평성대를 구가했다.
그 힘은 어디에서 비롯된 것일까?
밥은 백성의 하늘이라고 설파했던 민생군주 세종을 만나보자.

조선 땅을 덮친 흉년의 공포

조선시대의 경상남도 남해는 서울에서 가장 멀리 떨어진 변방 중의 하나였다. 농사는커녕 사람의 발길도 제대로 닿지 않는 황무지였다. 그런 남해 섬에서도 가장 남쪽에 있는 들판, 평산들은 농업을 일구고 자 했던 세종의 고심이 오롯이 묻어나는 현장이다. 함께 주변을 둘러 본 정의연 남해향토역사관 관장은 "오목형의 성으로 이루어진 이 들

경상남도 남해의 평산들.

판이 조선 세종 때 개간되었던 곳"이라고 말한다. 들판 건너편에 있는 앵강만에 그 당시 축조된 성곽이 있는데, 군사용이라기보다는 백성을 보호하기 위한 성곽으로 보인다는 설명이다.

고려 말 이후 왜구의 노략질로 황폐화됐던 이곳을 세종은 다시 개간하도록 했다.

거제, 남해, 창선의 3개 섬에서 개간한 토지가 모두 1130여 결

—《세종실록》세종 2년 윤1월 27일

평산들은 95만여 평방미터, 약 1500마지기에 이르는 농경지로 정비되었다. 당연히 이 많은 토지를 개간하는 데는 많은 어려움이 따랐

조선시대 농기구인 따비(위)와 가래.
농업박물관 소장.

을 것이다. 정의연 관장은 "당시 남해에 200여 호가 거주했는데 그중 들판 개간사업에 동원된 인원이 그리 많지 않았을 것이며 농기구도 가래나 지게, 괭이, 소쿠리 정도였다"고 설명한다.

이처럼 세종 때 개간사업은 만만한 일이 아니었다. 농업박물관에는 전통시대 농업에 사용됐던 모든 농기구들이 전시되어 있다. 조선 초기의 개간사업에 주로 사용되었던 농기구는 따비, 가래 등으로 당시에는 최고의 농

기구들이었다. 그중 가래는 세 사람이 한 조가 돼서 밭을 갈거나 흙을 퍼올릴 때 썼다. 김재균 농업박물관 관장에 따르면 세 사람이 하루에 600평 정도 갈 수 있었다고 보고되어 있다고 하는데, 이는 결국 한 사람이 하루에 200평 정도를 갈 수 있었다는 얘기다.

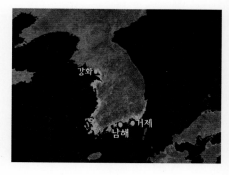

조선 초 경작지 확대를 위한 개간사업.

엄청난 인력을 동원한 개간사업은 버려졌던 섬과 해안을 중심으로 전 국토에 걸쳐 시행되었다. 경작지 확대를 위한 노력의 일환이었다. 그렇다면 세종이 대대적으로 개간사업을 펼친 이유는 무엇일까? 그 이유를 알기 위해서는 당시의 농업 환경을 파악할 필요가 있다. 천문연구원에서는 태양 흑점의 활동 기록을 통해 당시의 기온과 일조량을 확인할 수 있다.

그런데 1418년부터 1450년까지 흑점 기록이 하나도 없다. 또한 그

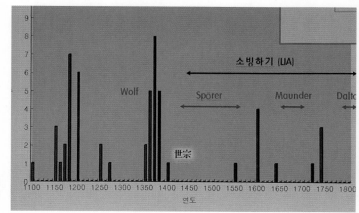

과거 흑점 기록. 세종 전후로 흑점 기록이 하나도 없다.

4.15 임금이 올해 가뭄의 징조가 있으니 비를 빌 방법을 강구할 것을 예조에게 명한다. 3월부터 이달
      까지 계속해서 가물고 햇볕이 쨍쨍하여 보리 알이 영글지 않고, 벼 파종할 시기를 놓칠 것 같다.

4.18 가뭄을 당하여 비를 빌고자 도랑을 수축하고 길을 깨끗이 하며, 감옥 일을 다시 살피고, 진휼에
      힘쓰다.

4.22 가물기 때문에 금주령을 내려 하늘의 견책을 경계토록 하다.
      죄수들의 원망이 가뭄의 원인이 되는 것이 아닐까 염려하여 죄수들을 사면하다.

4.22 북교에서 기우제를 지내다.

4.22 가뭄이 심하여 하늘의 견책에 응하여 임금이 밥상 반찬을 줄이다.

4.23 가뭄으로 공적, 사적으로 빚 받는 것을 연기하다.

4.24 가뭄으로 임금이 드실 술을 올리지 않도록 하다.

4.25 가뭄으로 공적, 사적으로 집짓는 것을 일체 중지하다.
      가뭄으로 장(杖) 죄인 이하의 죄수를 방면토록 하다.
      비를 빌기 위해 태일(太一) 초례(醮禮)를 행하다.
      비를 빌기 위해 중과 무당을 모아 기우제를 행하다.

4.26 임금이 직접 사직에 기우제에 쓸 향과 축문을 전하다.

4.26 죄를 범했지만, 속(贖)을 바치게 된 자를 연기해 주다.

4.27 사직에서 비를 빌다.

4.28 임금께서 친히 풍운뇌우단(風雲雷雨壇)의 기우제에 쓸 향과 축문을 전하다.
      가뭄으로 각 관청 관리의 점심을 줄이다.

4.29 풍운뇌우단이 삼각산, 한강, 남산 등에서 비를 빌다.
      가뭄으로 시위패(侍衛牌)들의 역을 면해주는 방안을 논의하다.

5.1   가뭄으로 여항에 시장을 여는 것을 금지하다.

5.2   종묘에 기우제 지낼 향과 축문을 내리다.

5.4   단오제 및 기우제에 쓸 향과 축문을 전하다.
      화룡(畵龍) 기우제를 행하다.
      가뭄으로 문소전 이외의 각 궁궐의 진상을 금하게 하다.

5.5   기우제를 행하다. 동방 청룡 기우제를 행하다.

5.7   비가 조금 내리고, 개성부 등의 곳에서는 서리가 내리다.

5.8   남방 적룡 기우제를 행하다.
      가뭄으로 정지하였던 음주를 신하들이 권하다. "어제의 비가 비록 흡족할 정도는 아니지만 곡식
      이 소생할 정도는 되었으니 전하의 근심을 덜어주는 것이었습니다. 원컨대 술을 올리는 것을 허
      락해주옵소서" 하였다.

5.9   중앙 황룡 기우제를 지내다.

5.12 서방 백룡 기우제를 행하다.

5.15 북방 흑룡 기우제를 행하다.
      북교(北郊)에서 비를 빌다.

때를 전후로 150년간 흑점 기록이 하나도 등장하지 않는다. 양홍진 한국천문연구원 박사는 이 시기가 소빙하기와 일치하는 때로, "태양 활동이 매우 적었고 일조량이 적어 농사 짓는 데 많은 어려움이 있었을 것으로 생각된다"고 견해를 밝혔다.

실제로 세종 시대는 가뭄의 연속이었다. 《세종실록》의 기사를 보아도 세종 즉위 이후 10여 년간 단 한 해도 가뭄이 들지 않은 적이 없었다. 가뭄과 흉작은 그대로 백성들의 고통으로 남았다. 흙을 파 먹는 백성이 생겨날 정도였다.

> 굶주린 백성들이 흙을 파서 떡과 죽을 만들어 먹다.
>
> —《세종실록》 세종 5년 3월 13일

세종 6년에는 가뭄 때문에 강원도 전체 가구의 3분 1이 사라지고 농토의 절반이 폐허가 되었다. 1424년 3월 28일자 《세종실록》에는 "강원도 영서의 가구가 9509호인데, 굶주림으로 인하여 없어진 호수가 2567호이고 6만 1790결의 농지 가운데 황폐된 것이 3만 4430결이다"라는 기록이 보인다.

농업이 국가 경제의 기반이던 시대, 연이은 흉년은 곧 국가적 위기였다. 개간으로 경작지를 확대하려는 세종의 노력도 계속 배신당했다. 불안정한 기후로 인한 농업의 황폐화는 젊은 임금 세종에게 큰 고통이었다. 백성들의 삶이 기근으로 피폐해지자 세종은 거처하던 강녕전을 버리고 경회루 한쪽에 초가집을 짓고 무려 2년을 살았다고 한다. 백성들과 고통을 함께하겠다는 뜻이었다. 세종의 고민은 깊어

경회루. 가뭄을 걱정하던 세종이 옆에 초가집을 짓고 살았던 곳이다.

갔다. 잠을 이루지 못하는 날들이 이어졌다. 무려 열하루 동안이나
앉은 채 밤을 지새우기도 했다. 《세종실록》 곳곳에는 가뭄 때문에 애
가 타는 세종의 절절한 심정이 새겨져 있다.

> 임금이 가뭄을 걱정하여 18일부터 앉아서 날 새기를 기다렸다.
>
> —《세종실록》 세종 7년 7월 28일

세종은 대신들을 만날 때도 가장 먼저 날씨와 농사 상황을 보고하
게 했다.

> 매일 일을 아뢸 적에는 흉년에 관한 정사를 제일로 삼으라.
>
> —《세종실록》 세종 4년 12월 4일

농업을 일으키고 민생을 구제하는 것, 그것이 조선 제4대 왕 세종 앞에 놓인 절체절명의 과업이었다.

개간사업과 영농과학이 희망이다

조선은 분명 고려와는 다른 나라였다. 국가 이념이 불교에서 유교로 바뀌었고, 귀족들이 부의 대부분을 차지했던 고려 말과 달리, 국가 경제의 뿌리인 토지를 귀족이나 지방 토호가 아니라 국가가 소유했다. 이런 조선에서 농업은 국가 경제의 근간이었다. 농업이 살지 못하면 정치, 문화, 사회 등 어느 분야의 발전도 꾀할 수 없었다. 그런 점에서 세종이 농업 문제에 전력을 다한 것은 너무나 당연한 일이었다.

농지를 늘리고 농업생산력을 높이는 것이 가장 시급한 문제였고, 이를 해결하기 위해 세종은 새로운 시도를 하게 된다. 바로 과학 영농을 도입하는 것이었다. 세종은 주먹구구식 농사에서 벗어나 과학적인 농법으로 조선의 농업 기술을 한 단계 끌어올리고자 했다. 이는 많은 과학기구의 발명으로 이어졌다.

자격루. 국보 제229호.

세종 시대 자격루를 그대로 복원한 것. 국립고궁박물관.

서울 덕수궁에는 의미 있는 조선시대 유물이 하나 남아 있다. 국보 229호 자격루, 바로 물의 흐름으로 시간을 측정하는 물시계다. 지금 남아 있는 것은 중종 때 만들어진 것이지만 최초의 것은 세종 때 장영실(蔣英實)이 만들었다. 최근 국립고궁박물관은 세종 시대의 자격루를 그대로 복원, 전시하고 있다. 보기에도 그 위용이 대단하다.

자격루는 어떤 원리로 작동할까? 먼저 흘러온 물을 받는 항아리인 파수호(播水壺)는 네 개로 구성되어 있다. 네 개의 항아리는 각각 일월성신을 의미하는데 물의 수압을 일정하게 유지하는 역할을 한다. 파수호를 통해 일정한 양의 물을 흘려보내면 맨 아래 물통에 부력이 생긴다. 이 통 안에는 잣대가 설치되어 있는데 부력으로 위로 올라간 잣대가 작은 구슬을 떨어뜨린다. 이 작은 구슬이 다시 큰 구슬을 움직이면, 큰 구슬은 시각을 알리는 종을 치고 인형을 세운다.

자격루를 통해 조선은 표준시계를 갖게 되었고, 시간 개념이 보편

세종 때 처음 만들어진 혼천의(왼쪽)와 혼상.

화되었다. 하루 일과를 관리해 농사일을 체계적으로 시행하려는 의
지가 자격루를 탄생시킨 것이다.

　24절기에 맞추어 농사를 짓는 일, 즉 우리에게 맞는 농시(農時)를
정비하는 것 역시 중요한 문제였다. 당시 조선은 중국의 농시를 농
사에 적용했다. 그러나 조선과 중국의 편차가 있었다. 세종은 이를
바로잡고자 했다. 우리 실정에 맞는 역법을 만들기 위해서는 천문
관측이 필수적이었다. 이를 위해 간의(簡儀), 혼천의(渾天儀) 등이 제
작되었다. 1년 동안의 절기 변화를 측정하기 위한 혼상(渾象)도 세종
때 처음 만들어졌다. 모두가 우리 농시를 확립하기 위한 노력의 결
실이었다.

　원래 중국의 강남농법(江南農法)에서는 농시를 무척 강조했다. 적기
에 땅을 갈아주고 파종을 하고 김을 매주는 일을 얼마나 잘 하느냐에
따라서 소출에 차이가 나기 마련이다. 조선은 중국의 작물별 농시를
참고했고, 지역적으로 시차가 크지 않아 큰 상관이 없었는데도 세종

세종 24년 전국에 설치한 측우기.

은 이에 만족하지 않고 우리 실정에 맞는 농시의 정비를 중요하게 생각했다. 이태진 서울대학교 국사학과 교수는 "이른바 중농정책을 취하면서 농시를 백성들한테 잘 지키라고 강조하는데 정작 조선의 달력이 중국의 것을 사용하고 있는 현실"을 보고 왕으로서 도리를 다하지 않고 있다는 반성을 하게 되고, 농시 확립을 강조하게 된 것 같다고 말한다.

세종은 정확한 농시 확립을 위해 많은 과학기구를 만들었다. 가뭄을 극복하기 위해서는 정확한 강우량 측정이 필수적이었다. 측우기는 문종이 세자 시절 구리로 만든 것이다. 이로써 지역별 강우량 분포와 통계를 파악하고 그 결과를 농사에 적용할 수 있게 되었다. 세계 최초의 측우기 역시 과학 영농을 위한 세종의 여망으로 만들어진 것이다. 측우기가 발명되기 전에는 빗물이 땅 속에 스며든 깊이를 재어 강우량을 추정하는 방법을 썼다.

> 비가 오거든 물이 땅에 스며들어간 깊이를 상세히 기록하여 급히 보고하라. ─《세종실록》 세종 7년 4월 13일

과학 농법에 대한 관심은 벼 수확의 증대로 이어졌다. 직파 재배를 하던 벼농사에 모를 옮겨 심는 이양법을 적용하기 시작했다. 이양법은 김매기 횟수가 줄어들어 노동력을 절감할 수 있는 획기적인 농법

조선시대 농사 짓는 모습을 담은 민화.

이었다. 그러나 세종 당시는 관개시설의 미비로 본격적인 시행에는 한계가 있었다. 이후 조선 중기에 접어들면서 이양법이 급속히 보급되었고, 그 결과 쌀 생산량도 증가했다.

세종 대에 정비한 이양법은 《농사직설農事直說》이라는 책에 적혀 있는데 모판 관리부터 이식법, 그리고 육종법까지 자세히 정리되어 있다. 염정섭 규장각한국학연구원 책임연구원은 "세종 이후 이양법이 기술적 부분에서는 발전하고 있지만 기본적인 원리는 전부 세종 대에 만들어졌다"고 강조한다.

그 결과 세종 후대에 토지 1결당 생산량은 1200두까지 높아졌다. 이처럼 세종은 과학 영농으로 농업생산성을 높이고, 그것을 통해 민생 문제를 해결하고 국가 경제력을 끌어 올리고자 했다. 백성을 살리는 좋은 정치는 과학에 의해 뒷받침되어야 한다는 사실을 세종은 깨닫고 있었던 것이다.

우리만의 농법을 찾아라

조선의 농사법을 전국적으로 조사해서 집대성한 《농사직설》. 규장각 소장.

경작지를 늘리고 과학 농법을 도입하여 조선의 농업을 한 단계 끌어올린 세종. 그러나 아직 남은 과제가 있었다. 한반도는 남북으로 긴 모양이어서 지역에 따라 농법도 다르고 소출량도 달랐다. 따라서 전 국토의 생산량을 골고루 높일 수 있는 방안이 필요했다.

즉 각 지역의 여건에 맞는 가장 합리적이고 통일된 농법이 필요했던 것이다. 세종은 고민하기 시작했다. 그 결과 만들어진 것이 바로 《농사직설》이다. 세종의 또 하나의 역작이다.

양진석 박사는 《농사직설》이 "조선의 독자적인 농법을 전국적으로 조사해서 만든 최초의 농서"라고 그 의미를 부여한다. 《농사직설》은 이후 저술되는 농서들의 근간이 된다. 모두 10개의 항목으로 되어 있는데 땅을 가는 법과 모판 만드는 법, 종자 선택과 보관법, 비료 만드는 법 등 거의 모든 농법을 망라하고 있다. 또한 벼, 보리, 콩, 조, 수

수 등 주요 농작물의 재배법
도 기술하고 있다.

세종의 관심은 오로지 농
사가 잘 되어 백성들의 삶이
좀 더 편안해지는 것뿐이었
다. 그런 세종의 심경을 잘
보여주는 일화가 있다.

세종 19년 5월 8일, 《농사

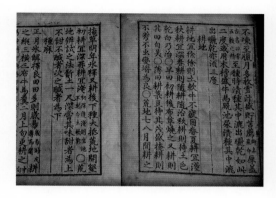

《농사직설》에 나오는 보리 종자 관리법.

직설》이 보급된 지 8년째 되던 해에 경기도에서 하나의 줄기에 네 개
의 이삭이 열리는 새로운 보리품종이 나타났다. 이에 경기 감사는 세
종의 은덕이라 했다. 그러자 세종은 내용을 과장하지도 말고, 잔치를
열지도 말라고 당부했다.

그렇다면 《농사직설》의 내용은 얼마나 과학적일까? 《농사직설》에
나오는 보리 종자 관리법을 살펴보자. 눈 녹은 물을 모아두었다가 종
자를 뿌릴 때가 되면 그 속에 담궜다 빼낸 다음 말려서 파종하도록
권하고 있다. 종자를 차가운 물에 담그는 것은 어떤 효과가 있을까?
농촌진흥청 양세준 박사에 따르면 "직파의 경우 종자를 차가운 물에
담그면 종자 활성물질이 활성화해서 발아 이후에 종자가 훌륭한 모
로 클 수 있는 기초가 마련된다"고 한다. 《농사직설》에서 권하는 방
법이 과학적으로도 효과가 있다는 말이다.

《농사직설》에는 비료 만드는 법도 나와 있다. 가축의 배설물에 겨
와 쭉정이를 태운 재를 섞으면 훌륭한 비료가 된다고 되어 있다. 지
금도 일부 농가에서는 땅심을 높이기 위해 재와 가축 배설물을 섞은

두엄을 사용하고 있다. 《농사직설》에 나오는 방법 그대로다.

실제 《농사직설》에서 설명한 대로 구덩이를 파고 가축 배설물에 재를 섞으면 식물에 유익한 성분이 많이 함유된 비료가 만들어진다고 한다. 곽정훈 농촌진흥청 박사는 "가축 분뇨에는 질소 성분이 많이 들어 있는데, 재는 알칼리성이기 때문에 이 두 가지를 혼합하면 질소 성분이 조금 희석되는 반면 인산이나 알칼리 성분은 계속 축적되어 궁극적으로 양질의 비료를 생산할 수 있다"고 설명한다.

한편 세종은 《농사직설》을 편찬할 때 각 지역의 경험 많은 농부들에게 직접 묻도록 했다. 그들의 축적된 경험과 지식을 십분 활용한 것이다. 훗날 세종은 자신이 직접 궁궐에 경작지를 만들고 농사를 짓기도 한다.

> 내가 기장과 조 씨앗 2홉을 후원에 심었더니 그 소출이 한 섬이 더 되었다.
>
> —《세종실록》 세종 19년 9월 8일

이렇게 만들어진 《농사직설》은 간행된 다음 해에 각 도의 감사와 관청 그리고 서울 사대문 안 2품 이상의 모든 관원에게 반포되었고, 그들을 통해 전국 각지에 보급되었다. 세종의 노력은 결실을 거두었다. 조선시대를 통틀어 가장 높은 토지 결수를 얻게 된 것이다. 토지 결수가 높다는 것은 생산량이 그만큼 늘어났다는 것을 뜻한다. 과학 영농과 우리 실정에 맞는 농법의 보급, 그것이 농업생산력을 높이려던 세종의 농업정책의 핵심이었다.

대규모 개간사업과 과학 영농, 그리고 검증된 농법으로 국가 경제

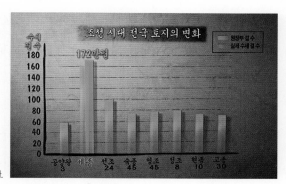

조선시대 전국 토지의 변화

조선시대 전국 토지 변화.

를 일으키려 했던 세종. 그러나 이 정도의 경제정책으로는 백성들을 배불리 먹이는 데 한계가 있었다. 특히 함경도 등 북방지역은 삼남지방에 비해 상대적으로 경제기반과 환경이 열악했다.

세종이 압록강과 두만강 변에 4군6진을 설치하여 조선의 국경선을 확정지었다는 것은 잘 알려진 사실이다. 그런데 세종의 북방정책에는 국경선 확정 외에 또 다른 목적이 있었다. 바로 더 많은 경작지를 확보하는 것이었다.

비옥한 땅을 찾아 압록강 이북으로

국내 농업기반을 다져가던 세종에게 또 다른 과제가 생겼다. 한국학중앙연구원에는 세종이 직면했던 문제와 그 해결 과정을 잘 보여주는 자료가 하나 남아 있다. 《국조정토록國朝征討錄》이라는 책이다. 이 책에는 세종부터 중종까지, 조선의 대외 정벌의 역사가 기록되어 있

조선 세종부터 중종까지 조선의 대외정벌의 역사를 기록한 《국조정토록》.

《국조정토록》에 등장하는 파저강 토벌 기록.

파저강(지금의 혼강) 입구.

다. 이종무(李從茂·1360~1425)의 대마도 정벌을 비롯해 북방 여진족의 정벌, 삼포왜란 등의 사건도 소개되어 있다. 그중에 파저강(婆猪江) 토벌 기록이 보인다. 파저강 토벌은 여진족 때문에 불안했던 북방 정세와 연관이 있다. 당시 여진족의 상황은 어떠했을까?

세종 전반기만 해도 청천강 이북은 조선 땅이라기보다는 여진족과 더불어 사는 공동거주 지역이었다. 박현모 세종국가경영연구소 연구실장에 따르면 "세종 때부터 백성들을 이주시키고 행정 군사 기지를 만들었지만 백성들이 살지 않았기 때문에 여진족이 그곳까지 넘어와 살고 있었다"고 한다. 뿐만 아니라 몽골족이 발흥하면서 여진족들이 계속 남쪽으로 밀려들어오고 있었다.

지금 혼강(渾江)으로 불리는 파저강은 압록강의 지류로 지금의 중국 요녕성 지역을 흐르는 강이다. 이 파저강 유역에 살던 여진족들이 수시로 압록강을 건너 함경도 땅을 침범했다.

파저강은 압록강의 지류로 중국 요녕성 지역을 흐르는 강이다.

평안도 여연군에 침입한 여진족을 지군사 박자검(朴自儉)이 잘 막아내다.

—《세종실록》세종 즉위년 9월 7일

심지어 여진족은 조선 백성들을 포로로 잡아가기도 했다.

홀라온과 올적합 여진족이 군사 100여 명을 거느리고 여연, 강계 지방에 들
어와 난을 일으켜 남녀 64명을 사로잡아 가지고 돌아가다.

—《세종실록》세종 14년 12월 21일

사정이 이런데도 조정의 많은 신료들은 이 지역을 포기하자고 상
소를 올렸다.

신의 생각으로는 아직 그대로 두고 논하지 말며 스스로 경계를 굳게 지켜

최윤덕 장군의 묘.

서, (여진족이) 침범하거든 방어하고, 투항(投降)하거든 허락하는 것이 편하다
고 생각하옵니다. —《세종실록》 세종 15년 1월 11일

　　대다수 신료들이 오랑캐와 충돌하느니 차라리 후퇴하자고 주장했
다. 박현모 연구실장에 따르면 "원산만 근처까지 후퇴해서 여진족을
살게 내버려두고, 또 백성들이 계속 돌아가면서 군대에 근무하는 민
폐를 줄여주자는 것"이 당시 조정의 주류 의견이었다고 한다. 세종의
명으로 현지를 시찰한 황희 역시 민폐를 이유로 후퇴를 권했다.
　　그러나 세종의 생각은 달랐다. 세종 15년(1443)에 만주의 야인 이
만주(李滿住)가 자주 쳐들어오자 세종은 최윤덕(崔潤德 · 1376~1445)을
총사령관으로 임명해 파저강 유역의 여진족 토벌을 지시했다. 당시
최윤덕은 평안도 절제사로 여진족 토벌의 선봉에 섰다. 그러나 압록
강 이북의 곳곳에 흩어져 있는 여진족을 일거에 토벌하는 것은 쉬운
일이 아니었다. 이에 최윤덕이 토벌대 규모에 대한 의견을 올렸다.

최윤덕: 군사가 1만여 명은 있어야 가할 것이온데 지금 3000명으로 정하였
　　　다는 말을 듣고 신은 심히 염려되옵니다.

세종: 내 마음으로 적다고 생각하였더니 지금 올린 글을 보니 과연 그러
　　　하다.

　　파저강 유역에는 수많은 여진족
마을이 있었다. 만약 조선군이 토벌
에 나서면 이들이 서로 연락을 취해
함께 대항할 것이므로 최소한 1만
여 명의 군사가 필요하다는 것이 최
윤덕의 주장이었다. 세종은 최윤덕
의 주장을 받아들였다. 이후 5000명

세종 15년, 1만 5000명의 조선 토벌군이 여진
족 토벌을 위해 압록강을 건넜다.

을 증강하여 1만 5000명의 조선 토벌군이 드디어 압록강을 건넜다.
세종 15년의 일이었다. 그런데 파저강 토벌에는 또 하나의 걸림돌이
있었다. 원래 압록강 이북은 명나라의 세력권으로, 명 황제의 허락이
필요했다. 이에 세종은 여진족들의 약탈 행위를 명나라에 알리고 허
락을 기다렸다. 약 4개월 후 명 황제는 세종의 토벌 계획을 지지한다
는 회신을 보내왔다. 세종이 알아서 여진족을 치라는 것이었다.

　　칙서에 이르기를 "서로 침범하지 말되, 이를 어기면 왕(세종)이 기회를 보아
　　처치하시오." —《세종실록》세종 15년 3월 22일

　　사실 파저강 토벌 결정은 갑자기 내려진 것이 아니었다. 장유웅지

고구려의 옛 도읍지인 오녀산성.

앙 중국인민대학 청사연구소 교수는 "조선은 매우 오랫동안 준비를 했는데, 지속적으로 정보를 모으고 정탐 활동을 벌이고 정찰대를 파견하여 여진의 동정을 살폈다"고 설명한다. 조선군은 여러 경로를 통해 파저강 유역을 공격했다. 그중 하나는 이만주의 자이즈, 또 하나는 올라산성이었다. 조선군의 주요 공격 목표 가운데 하나였던 올라산성은 지금의 오녀산성(五女山城), 바로 고구려의 옛 도읍지였다. 세종은 직접 작전을 지시했다. 《세종실록》 15년 2월 21일자에 따르면 토벌 계획이 누설되지 않도록 백성들의 왕래를 막게 했으며, 강이 깊어 건널 만한 곳이 없으면 부교를 이용해서 강을 건너고 적진을 잘 살핀 다음 토벌 기간을 정하고 결행하도록 했다. 또한 행군 시에는 군사훈련을 하지 말도록 지시했다.

작전은 전광석화처럼 진행되었다. 세종 15년 4월 10일부터 19일까지, 단 열흘간의 공격이었다. 이 공격으로 조선군은 파저강 유역의 여진족을 완전히 진압했다. 총사령관이었던 최윤덕은 세종에게 여진족 토벌 결과를 다음과 같이 보고했다.

야인 참살 170여 명, 생포 236명, 병기 1200여 점, 말과 소 170여 마리 노획.

—《세종실록》세종 15년 5월 7일

　　세종의 파저강 토벌은 철저한 준비와 치밀한 작전으로 일궈낸 압승이었다. 그런데 세종은 왜 많은 신하들의 반대를 무릅쓰고, 또 명의 허락을 얻어가면서 여진족 토벌을 감행했을까? 박현모 연구실장은 "궁극적으로 안정된 농작지를 확보하기 위해서"라고 강조한다. 실제로 두만강 건너편, 특히 파저강 일대로 조금만 넘어가면 기름지고 평평한 땅이 많아서 약초를 재배하거나 농사를 짓는 데 더없이 유리했다. 파저강 일대를 성공적으로 토벌하고 안정화시킨 다음 세종은 함경도 등 북방 지역을 본격적으로 경영하기 시작했다.

관리를 함길도에 보내어 새 땅을 찾아보게 하다. —《세종실록》세종 15년 4월 29일

　　농사뿐만 아니라 국방과 행정체제까지 구축했다. 박현모 연구실장은 세종이 변방 지역이었던 이곳을 가장 살기 좋은 공동체로 만들기 위해서 "새로 개발된 해시계나 농사시설 같은 신기술 농법, 의학기술을 가장 먼저 파견하는 특혜를 주었다"고 설명한다. 일정한 인구 수가 되면 의사를 파견해 백성들이 치료를 받을 수 있게 하고 수령도 두 명을 파견했다.

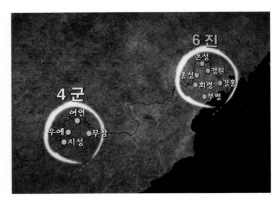
4군6진.

이후 세종은 압록강과 두만강 지역에 4군6진을 설치, 이 지역을 우리 영토로 완전히 편입시킨다.

철저한 준비와 작전으로 결행한 파저강 토벌은 안정된 경작지 확보를 위한 세종의 결단에서 비롯되었고, 마침내 우리 영토를 확장하는 계기가 되었다.

세종 어진.

백성이 거둔 곡식을 백성에게

이렇게 농업생산력 향상을 통해 국가의 부를 창출하려던 세종의 노력은 조금씩 결실을 맺기 시작한다. 《실록》을 보면 세종 20년 이후 백성들이 굶주렸다는 기록이 현저하게 줄어든다. 그러나 여전히 남은 과제가 있었다. 높아진 생산성의 혜택을 백성들에게 골고루 돌아가도록 하는 것이었다. 그 핵심에는 세금제도가 있었다. 아무리 생산성이 높아져도 조세제도가 합리적이지 못하면 백성들의 삶은 여전히 어려울 수밖에 없었다. 이에 세종은 세제 개편을 단행했다. 선진화된 행정 시스템을 구축하고 그 행정력으로 합리적인 과세와 징수를 하겠다는 것이 세종의 의도였다. 백성들의 저항을 최소화한, 아니 오히려 백성들의 적극적인 지지에 의한 세제 개편을 추구한 것이다. 이를 위해 세종은 무려 17년에 걸친 의사결정 과정을 거친다.

세종 25년(1443), 어전에서 격론이 벌어졌다. 새로운 조세제도를 둘러싼 논쟁이었다.

> 황희: 신에게 말하는 자는 모두 공법이 불편하다고 합니다.
>
> 신개: 신과 말하는 자는 다 공법이 편하다고 합니다.
>
> 세종: 두 사람의 의견이 이렇게 다르니 나 역시 결단을 내리지 못하겠다.
>
> 조서강: 공법에 조세를 감액하고 다시 수년간 시험하는 것이 옳을 것이옵니다.
>
> 세종: 다시 의논하라.

논란의 핵심은 세금제도였다. 그때까지는 일률적으로 수확량의 10분의 1을 세금으로 거두는 과전법(科田法)이 시행되고 있었다. 그런데 과전법은 적지 않은 문제점을 드러냈다.

고려 말에 제정된 과전법은 토지의 비옥도에 따라 상, 중, 하의 3등급으로 나누었는데, 상등전은 면적이 조금 좁고, 하등전은 면적이 조금 넓은 것이었다. 그런데 각 등전에서 세금을 똑같이 조미로 서른 말씩 거두었다. 문제는 여기에 있었다. 염정섭 연구원에 따르면 "하등전에서는 생산성이 떨어지기 때문에 불균등한 부세 침탈을 당할 수밖에 없었고, 수세 방법에서 현장 조사를 통해 실제 농사의 풍흉을 파악하는 과정을 거쳤는데 수령이나 향리 등이 온갖 농간을 피우며 농민들에게 많은 피해를 주는 등" 폐단이 끊이지 않았다고 한다. 세종이 공법(貢法) 제정에 심혈을 기울인 것도 이런 문제점을 해결하기 위해서였다.

합리적인 세금을 부과하고, 징수 과정에서 아전과 관리들의 부정부패를 없앨 수 있으며, 동시에 백성들의 부담을 덜고 그들이 납득할 수 있는 새로운 세금 제도를 세종은 고민하기 시작했다. 이런 고민은 이미 즉위 초부터 시작되었다.

세종 9년 3월 16일자 《세종실록》을 보면 세종은 과거시험의 마지막 관문인 책문(策問)에 공법을 문제로 출제하기도 한다. 즉 공법의 좋지 못한 점을 개선할 방안을 쓰라는 것이었다. 그만큼 세종에게 새로운 세제 개편은 절실한 사안이었다.

그렇다면 공법은 무엇일까?

염정섭 연구원은 공법의 특징을 크게 세 가지로 나눈다. "첫 번째는 주척(周尺)이라는 정확한 자를 이용한 토지 측량 방법이고, 두 번째는 예전에 세 등급으로 나누던 것을 여섯 등급으로 나누어 토지 비옥도를 더 정확하게 파악하고, 세 번째는 농사의 풍흉을 해마다 아홉 등급으로 나누어서 판단하고 그에 따라 세액을 조정한 것"이다. 이렇게 제정된 공법으로 전국의 조세가 통일되었고, 그에 따라 부세 수칙 과정이 더욱 간단하고 명료해져 농민들의 부세 부담이 완화되었다.

새로운 세제와 공법을 위한 세종의 구상은 치밀했다. 세종 11년

(1429) 11월 16일, 마침내 세종은 호조에 명령을 내렸다.

> 세종: 공법의 시행을 논의하고도 아직 정하지 못했다. 만일 이 공법을 세운
> 다면 반드시 백성들에게 후하게 될 것이고 나라 일도 간략하게 될 것이
> 다. 신민들은 어떻게 생각하는지 알아보라.

 세종이 가장 유의한 것은 여론이었다. 《세종실록》 12년 3월 5일자
기사에는 중앙과 지방의 관리에서부터 빈민에 이르기까지 전 계층의
여론을 골고루 수렴하기 위해 애쓴 흔적이 나와 있다. 나아가 관리들
이 직접 백성들을 방문하여 여론 조사를 하도록 했다. 여론의 왜곡을
막기 위한 조치였다. 첫 여론 조사를 지시한 지 8개월여, 호조에서
중간보고가 올라왔다. 경상도 지역에서는 찬성이 많지만 함길, 평안,
황해, 강원도 등에서는 반대 여론이 높다는 결과였다. 세종은 여론을
받아들였다. 다시 공법을 의논하게 했다.

> 백성이 좋아하지 않으면 이를 시행할 수 없다. 공법의 편의 여부와 답사의
> 폐해를 구제하는 일 등을 백관으로 하여금 숙의토록 하라.
>
> —《세종실록》 세종 12년 7월 5일

 세종이 다시 지시를 내린 지 한 달 후인 세종 12년 8월 10일, 호조
에서 공법 시행에 대한 전국적인 최종 여론 조사 결과를 보고했다.
 찬성 9만 8000여 명, 반대 7만 4000여 명.
 찬성이 우세했으나 여전히 찬반양론이 팽팽했다. 논란은 계속되었

다. 지역별 소출 차이를 감안하여 최선의 세액을 매기는 것이 마지막 과제로 남아 있었다. 이렇게 공법을 보완하는 데 6년의 세월이 더 필요했다. 마침내 1436년 공법 절목을 마련, 부분적으로 시행에 들어갔다. 1438년 10월에는 세종이 직접 현지를 답사했으며, 1440년에는 경상도민의 반대 시위도 있었다. 그리고 1443년 11월, 전국적으로 공법을 실시한다는 공고를 했다. 첫 구상부터 실시까지 무려 17년의 세월이 걸렸다. 17년이라는 긴 시간 세종은 공법을 위해 여론을 묻고 제도를 보완한 것이다.

세종의 공법시행 과정을 놓고 이태진 교수는 "15세기 초 각 계층의 의견을 묻는 여론 조사를 실시했다는 건 세계 역사상 유례없는 일"이라고 강조한다.

뿐만 아니라 세종은 새로운 제도를 적용할 때 실제 백성들에게 도움이 되는지 계속 확인했다. 경복궁에서 손수 농사를 지어본 것이 가장 대표적인 예라고 할 수 있다. 고루했던 유교 정치 사상 속에서도 세종과 같은 리더십이 나올 수 있었다는 건 높이 평가할 만한 일이다.

공법 시행 결과, 토지 한 결당 30두의 세금을 최하 4두로 낮출 수 있었다. 또한 이 시기 토지 1결의 생산량은 최고 1200두로 높아진 상태였기 때문에 백성들의 조세 부담은 현저히 가벼워졌다. 국고도 쌓여갔다. 국가에 비축된 곡식이 최고 500만 석에 이르렀다. 이는 후대 중종 때의 200만 석, 선조 때 50만 석보다 훨씬 많은 양이다.

과학 영농과 신농법으로 농업생산성을 높이고, 합리적인 조세제도의 개혁을 단행한 세종. 이로써 밥은 백성의 하늘이라는 그의 철학이 마침내 완성되었다.

조선 500년은 세종의 시대라고 해도 과언이 아닐 정도로 세종은 정치, 사회, 문화, 과학, 예술 등 다양한 분야에서 눈부신 업적을 남겼다. 그리고 이 모든 업적은 나라 경제와 민생 문제를 먼저 해결했기에 가능했다. 특히 세종은 민생 문제를 해결하는 데 탁월한 리더십을 보였다. 문제 해결을 위한 적절한 정책을 세우고 그것을 추진하기 위해 신하와 백성들의 의견을 끝까지 수렴했다. 이런 리더십이 있었기에 세종은 많은 어려움 속에서도 민생 문제를 극복할 수 있었고 마침내 '밥이 하늘이다' 라는 그의 신념도 실현할 수 있었던 것이다.

한국사傳 3

IO

조선의 역대 왕과 왕비의 신주를 모신 종묘.

이 종묘에 제사를 올리는 종묘제례는

왕실에서 주관하던 제사로 국가적 행사였다.

종묘제례에 사용되었던 음악이 바로 종묘제례악이다.

수많은 악기들이 빚어내는 음률이 제례를 더욱 장엄하게 만든다.

종묘제례악의 작곡가는 다름아닌 세종.

세종은 종묘제례악을 단 하룻밤 만에 작곡했다고 기록은 전한다.

조선 최대의 성군 세종, 그는 왜 음악에 매료되었던 것일까?

그가 음악을 통해 추구한 것은 또 무엇이었을까?

소리가 하늘이다
— 조선의 악성, 세종

조선의 왕이 음악을 중시했다는 사실이 낯설지만,
세종은 분명 조선의 악성(樂聖)이었다.
우륵(于勒), 왕산악(王山岳), 박연(朴堧·1378~1458) 등
우리 역사에 음악으로 이름을 남긴 많은 사람들이 있었지만
우리 음악사에 가장 많은 영향을 끼쳤고
가장 큰 업적을 남긴 이로 세종을 빼놓을 수 없다.
실제 세종은 직접 작곡한 곡의 악보를 《실록》에 남기기도 했고,
박연에게 악기를 새로 만들고 궁중 음악을 정리하도록 했다.
이제 막 창업한 새 나라 조선의 문물을 정비해야 했던
세종이 음악에 매달렸던 이유는 무엇일까?
조선의 소리, 조선의 음률을 찾기 위해 밤을 새웠던
세종의 색다른 면모를 살펴보자.

절대음감의 소유자

《세종실록》에는 음악과 관련된 기사가 유난히 많다. 그중에는 세종
의 천부적인 음악성을 보여주는 기록도 적지 않다. 세종 15년(1433)
1월 1일은 새로 만든 편경을 선보이는 날이었다. 소리를 듣고 있던
세종이 악기 곁으로 다가왔다. 편경을 만든 실무 책임자는 악학별좌
(樂學別坐) 박연이었다.

> 세종: 이 소리 하나가 약간 높은데 무엇 때문인가?

세종이 지적한 편경에는 먹줄 자국이 남아 있었다.

> 박연: 편경을 잘라내기 위해 친 먹줄이 아직 남아 있습니다. 제대로 다 갈
> 지 않아서 음이 높았습니다.

먹줄 하나의 두께가 내는 음 차이를 세종이 알아차린 것이다.《실

편경 제작 과정(위에서부터). 경석 위에 먹줄로 모양을 잡은 후 돌을 갈아낸다.

록》은 "세종의 지적대로 먹을 갈아 없앴더니 제 소리가 났다(磨之墨盡而聲乃正聲)"고 적고 있다.

편경은 옥돌이라는 경석(磬石)으로 만든다. 16개의 돌이 각기 다른 음을 내도록 만들어지는데, 돌의 모양은 모두 같게 한다. 먼저 경석 위에 먹줄로 모양을 잡은 다음 돌을 잘라낸다. 경석은 철사 줄로 자르는데 이때 금강사라는, 입자가 고운 모래를 계속 뿌리면서 갈아낸다. 옛 방식 그대로다. 세종이 감지했던 먹줄 하나 두께의 차이는 어느 정도일까?

먼저 먹줄이 남아 있는 상태의 소리를 들어보았다. 음의 높낮이를 알아보기 위해 주파수 측정을 했다. 그런 다음 경석을 좀 더 갈아보기로 했다. 역시 금강사를 이용해 경석을 갈았다. 이렇게 돌의 두께를 맞추면서 적당한 음을 찾는 것이다. 두께가 두꺼우면 음이 높고, 얇으면 음이 낮아진다. 이런 식으로 연마를 하면서 정음이 될 때까지 이어간다.

먹줄 하나 두께만큼 더 갈아냈다. 경석은 그만큼 더 얇아졌다. 이제 음은 어떻게 변했을까? 갈아낸 경석의 음은 약 10센트(cent) 낮아졌다. 10센트는 반음의 10분의 1 높이. 아주 미세한 차이다. 먹줄의 두께는 약 0.5밀리미터로 그걸 완전히 갈아내야 반음의 10분의 1, 약 10센트가 내려간다고 한다. 다시 말해 세종은 반음의 10분의 1음을 구분할 정도로 뛰어난 음감을 갖고 있었던 것이다.

음악으로 국가의 표준을 세우다

편경은 임금 앞에서 시연될 정도로 대단히 특별한 악기였다. 그런데 세종은 왜 이렇게 편경 제작에 심혈을 기울였던 것일까? 여기엔 특별한 이유가 있었다. 조선 건국 초의 혼란기에 많은 악기들이 사라졌다. 편경 역시 갖추지 못한 상태였다. 세종 이전까지는 중국에서 들

조선 때부터 경석을 파낸 자리. 경기도 화성시 건달산.

편경. 모든 악기의 기준이 되는 조율 악기다.

여온 편경을 연주하는 실정이었다. 그런데 경기도 화성시 건달산 일
대에서 경석이 발견되면서 편경을 자체 제작할 수 있게 되었다.

당시 건달산 일대는 서씨들의 집성촌이었는데, 왕실의 시위(侍衛)
로 있던 서하란 사람이 경석을 발견해 세종에게 바친 것이다. 남양석
(南陽石)이라 불린 이곳의 경석은 지금도 채굴되고 있고, 품질 또한 뛰
어나다. 품질이 좋은 돌과 나쁜 돌은 일반인도 구분할 수 있을 정도
로 그 소리에서 확연한 차이가 난다.

국립국악원에는 세종 때부터 새로 만들기 시작한 각종 악기가 전
시되어 있다. 많은 악기 중에서 편경은 특별한 의미가 있다. 모든 악
기의 기준, 즉 조율 악기인 것이다. 편경은 돌로 되어 있어서 다른 악
기와 달리 특정한 음을 내는 특징이 있다. 국립국악원 악기연구소의
서인화 학예연구관에 따르면 "연주 방식이나 기후 조건에 따라서 음

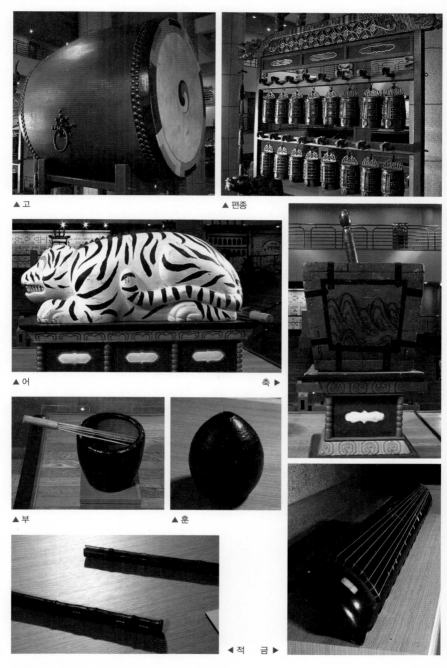

▲ 고　　　　　　　▲ 편종

▲ 어　　　　　　　축 ▶

▲ 부　　　　　　　▲ 훈

◀ 적　　금 ▶

조선시대 악기들. 모두 자연재료를 이용해서 만들어졌다.

이 변화하는 가야금이나 대금 같은 악기와 달리, 편경은 돌로 되어 있어서 음고가 일정하기 때문에 조율 악기로 사용되어왔다"고 한다.

악기는 우주의 소리를 모두 담아야 한다는 것이 당시의 인식이었다. 따라서 악기는 모두 자연 재료를 이용하여 만들어졌다. 나무로 만든 타악기인 어(敔)와 축(柷), 흙으로 만든 질그릇 악기인 부(缶)와 훈(壎)이 있으며, 대나무로 만든 악기도 있다. 이런 악기로 우주의 소리를 담으려 했던 것이다.

서인화 학예연구관은 "유교 음악에서 팔음은 무척 중요한 개념"이라고 강조한다. 팔음은 우주를 구성하고 있는 여덟 가지 악기 재료로

조선시대 성리학의 교과서 《성리대전》.

흙, 나무, 돌, 쇠, 실, 대나무, 바가지, 가죽을 말한다. 그런데 고려 후기의 어지러운 정세에서 악기가 많이 망실되었고, 세종 대에 와서야 원래 악기를 다시 갖추어서 완벽한 연주를 하고자 시도하게 된 것이다.

《성리대전》의 한 책인 《율려신서》. 음악의 시작은 황종음에서 비롯된다고 되어 있다.

이 모든 악기를 갖추고 훌륭한 음악을 정립하려 했던 세종. 그런데 세종의 이런 노력에는 음악 정비 외의 또 다른 목적이 있었다. 조선은 유교, 즉 성리학을 국시로 세운 나라였다. 따라서 세종은 성리학을 국가의 통치이

념으로 확립하고자 했다. 세종이 성리학의 교과서와 같은 《성리대전 性理大全》을 전국에 보급한 것도 그런 노력의 일환이었다. 김종석 한 국국학진흥원 수석연구원은 "왕도정치론이나 성인 군주론과 같은 정 치 이론에 대한 근거로서 세종이 《성리대전》을 수용한 것 같다"고 설 명한다. 그런데 《성리대전》에는 음악 이론서인 《율려신서律呂新書》라 는 책도 포함되어 있었다. 음악을 통치의 한 부분으로 여긴 것이다. 이 책을 보면 음악의 시작은 황종음(黃鐘音)에서 비롯된다고 되어 있 다. 황종음이란 무엇일까?

전인평 중앙대학교 국악대학 창작음악과 교수에 따르면 "황종이라 는 단어에는 누를황(黃)자가 쓰였는데 노란색은 원래 중심을 의미하 는 가장 고귀한 색으로, 결국 황종음은 모든 음에서 기준이 되는 음" 이라고 한다. 따라서 황종음을 정한 다음에 차례로 다음 음을 정해나 가는 것이다.

당시 조선의 음악을 맡았던 인물이 바로 박연이었다. 박연은 세종 에게 조선의 음악을 정비해야 한다는 상소를 무려 39편이나 올렸다. 그중에는 황종율관(黃鐘律管)을 제작해야 한다는 주장도 나온다. 기준

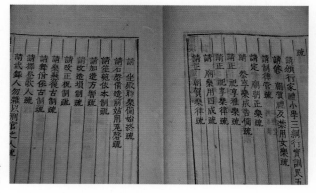

《난계유고》 중
박연이 올린 상소들.

황종율관은 기장 알 90개를 늘어놓은 길이의 대나무에서 나는 소리다.

음인 황종음을 내는 기구, 그것이 바로 황종율관이었다.

세종 7년(1425), 세종은 박연의 주장을 받아들여 황종율관을 제작하게 했다. 황종율관은 기장 알 90개를 늘어놓은 길이의 대나무에서 나는 소리였다. 박연은 중국의 방식 그대로 황종율관 제작에 나섰다. 그러나 결과는 실패였다. 중국에서 보내온 편경의 황종음보다 약간 높았던 것이다. 세종은 박연이 실패한 원인을 간파했다.

우리나라가 동쪽 끝에 위치하고 있어 춥고 더운 기후와 풍토가 중국과 현격하게 다른데 어찌 우리나라의 대나무로 황종관을 만들려고 하는가. 우리나라는 소리가 중국과 다르기 때문에 중국의 옛 제도를 조사하여 황종관을 만드는 것은 옳지 않다. ─《세종실록》 세종 12년 9월 11일

중국 기장과 우리 기장의 크기 차이를 간과했던 것이다. 박연은 다시 몇 차례의 시도 끝에 황종율관을 완성한다.

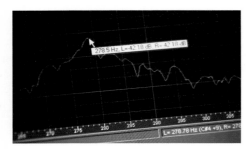
세종 때의 황종율관을 복원한 악기의 소리.

그렇다면 조선시대 기준음은 어떤 음이었을까? 세종 때의 황종율관을 복원한 것을 불어보았다. 측정 결과 황종음의 주파수는 278.5헤르츠였다. 이는 서양음악의 도(C)음보다 약간 높은 것

이다. 황종율관이 만들어지자 나머지 음들도 만들 수 있었다. 황종율관에서 3분 1을 자른 것은 임종음인 솔이고, 임종음에서 3분의 1을 더하면 태주음인 레가 된다. 여기서 다시 3분의 1을 자른 것은 남려음으로 라에 해당한다. 이렇게 3분의 1을 더하거나 줄이는 이른바 삼분손익법(三分損益法)으로 12음이 모두 완성되었다.

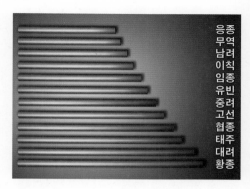

응종
무역
남려
이칙
임종
유빈
중려
고선
협종
태주
대려
황종

황종율관을 중심으로 삼분손익법을 이용해 12음을 만들어냈다.

이로써 조선의 음악을 세우기 위한 모든 준비가 끝났다. 그런데 황종율관은 단순히 음악만을 위한 것이 아니었다. 황종율관

황종율관의 길이를 기준으로 만든 황종척을 비롯한 다양한 자들.

은 도량형의 기준이 되었다. 황종율관의 길이를 기준으로 황종척이 만들어지고 이것을 기준으로 바느질할 때 쓰는 포백척(布帛尺), 목수가 쓰는 영조척(營造尺), 여러 자들의 기준이 되는 주척(周尺) 등 다양한 용도의 자를 만들었다.

황종율관은 부피의 기준도 되었다. 직경 12밀리미터의 황종율관에는 기장알 1200개가 들어간다. 이 황종율관 두 개의 양을 한 홉으로 삼았다. 그리고 열 홉은 한 되, 열 되는 한 말이 되었다. 이렇게 정해진 도량형을 실생활에 적용한 것이 현재 남아 있는데, 바로 강의 수

수표.

위를 재던 수표(水標)다. 수표(보물 제838호)는 세종 때 처음 청계천에 설치되었다. 지금은 세종대왕기념관에 옮겨져 있다. 수표에는 수위를 재는 눈금이 새겨져 있는데 모두 9등분하여 가뭄과 홍수위 등을 측정했다. 수표의 눈금 한 칸은 주척 1척의 길이와 같다.

음악에 대한 세종의 관심은 유교이념을 바탕으로 이상국가를 건설하려는 의지에서 출발했다. 그런 특별한 의도에서 조선은 황종음을 찾았고, 다시 이를 바탕으로 도량형을 통일해 실생활에 적용했다. 음악을 세우는 것, 그것은 바로 국가의 표준을 세우는 일이기도 했다.

우리 음악은 중국 음악과 다르다

그런데 국가 표준도 표준이지만 왜 유교국가 조선에서 음악이 이토록 중요시되었을까? 그것은 음악이란 단순히 듣고 즐기는 것이 아니라 풍속과 민심을 바꾸어 정치를 바르게 하는 첩경이라고 여겼기 때문이다. 즉 좋은 음악은 좋은 정치의 수단이었던 것이다. 그래서 세종은 음악을 통해 새 나라 조선의 국가체제를 정비하려 했다. 세종의 이런 뜻을 받든 사람이 바로 박연이었다.

세종의 음악 정비 사업을 가장 잘 이해하고 도왔던 충북 영동 출신의 난계 박연은 대금을 아주 잘 불었으며 음악에 대한 지식도 해박했다. 태종 때 이미 과거에 급제한 박연은 명문가 후예답게 학식도 높았다.

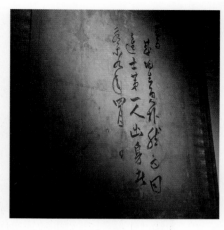

왕지. 박연의 진사과 합격 증서.

사실 박연은 세종의 세자 시절, 글 선생이었다. 세종은 세자 시절부터 음악에 조예가 깊었으며, 현악기인 금(琴)을 아주 잘 연주했다고 전한다. 그때부터 세종과 박연은 서로의 음악적 소양을 이해하고 있었다. 이 인연으로 세종은 박연에게 음악을 맡겼던 것이다. 그러나 세종의 음악 정비사업은 순조롭지 못했다. 반대 목소리도 높았다

> 신하: 편경의 모양과 소리는 어떻게 만들었는가?
>
> 박연: 편경의 모양은 중국에서 보내준 편경을 따라 만들었고, 편경의 소리는 신이 스스로 만든 12율관에 맞추어 만들었습니다.
>
> 신하: 중국의 음을 버리고 우리 스스로 율관을 만드는 것이 옳은 일인가?
>
> —《세종실록》세종 15년 1월 1일

황종음을 찾고 율관을 만드는 것은 천자가 해야 할 일이지 제후가 해서는 안 된다는 것이 반대파의 주장이었다. 이런 반대들을 무릅쓰면서 세종은 박연과 더불어 음악 정비를 강행한다.

대성전(공자 사당). 중국 산둥성 곡부.

국가 발전에서 음악의 중요성을 강조했던 공자
(가운데).

통치에서 음악의 역할을 특히 강조한 이는 바로 공자였다. 공자는 춘추전국 시대의 혼란은 예악(禮樂)이 무너진 탓이라 여겼다. 따라서 혼란을 극복하고 요순 시절 같은 태평성대를 만들기 위해서는 예악을 회복해야 한다고 생각했다. 세종 역시 공자와 마찬가지로 음악을 통해 조선을 유교적 이상국가로 만들려고 했고, 그 일의 동반자로 박연을 선택했던 것이다.

세종 때 악학 정비의 목표는 유교 최고의 이상국가인 요순 시대를 구현하는 것이었다. 특히 아정한 음악 분야에서 박연이 큰 역할을 하고 있었는데, 그래서 박연이 세종에게 가장 먼저 받은 프로젝트가 아악(雅樂) 정비였다.

아악은 원래 중국 황실의 음악이었으나 당송 시대를 거치면서 중국에서도 제 모습을 잃어버린 상태였다. 그런데 조선의 박연은 성리학의 창시자 주자가 쓴 《의례경전통해시악儀禮經典通解詩樂》 등의 문헌을 근거로 아악을 복원해낸다. 당시로서는 중국도 하지 못하던 일이었다. 그것이 지금 《세종실록》에 악보로 남아 있다.

박연이 복원한 아악 가운데 지금도 실제로 사용되는 것이 있다. 공자의 사당에 제사 지낼 때 사용하는 문묘제례악이 그것이다. 우주의 소리를 담아낸 문묘제례악은 춤과 함께 연주된다. 춤은 예법이 갖춰진 태평성대의 동작을 표현한다. 음악과 춤이 어우러진 문묘제례악, 이것이 바로 박연이 복원한 아악인 것이다. 아악을 조선이 복원해냈다는 것은 세종의 자부심이었다.

박연이 복원한
아악의 악보.

문묘제례악.

우리나라의 음악이 비록 다 잘 되었다고는 볼 수 없으나, 그렇다고 중국에

부끄러워할 것은 없다. 중국의 음악인들 어찌 다 바르게 되었다 볼 수 있겠

느냐. ─《세종실록》세종 12년 12월 7일

송혜진 숙명여자대학교 전통문화예술대학원 교수는 "조선 세종 때
완성된 아악은 원전에 버금가는, 가장 이상에 가까운 아악의 형태"라
고 평가한다.

아악 정비에 큰 몫을 한 박연은 늘 음악만을 생각했고, 음악에만
몰두했던 인물이다. 《연려실기술》에는 박연이 "앉아서나 누워서나
매양 손을 가슴 아래에 얹어서 악기를 다루는 시늉을 하고 입 속으로
는 소리를 지었다"고 묘사되어 있다.

그는 열정이 지나쳐 병을 얻기도 했다. 세종은 이런 박연의 작업을

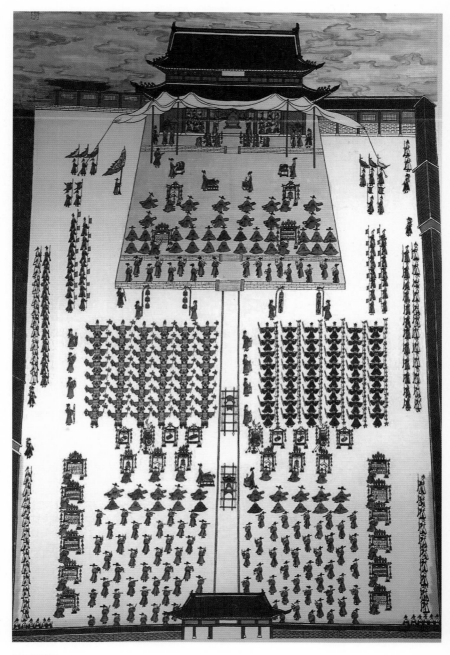

화례연재현도.

주도한 음악 정책의 리더였다. 박연의 일을 검토하고 지시했으며, 또한 격려를 아끼지 않았다.

> 세종: 너는 내가 아니었다면 음악을 만들지 못했을 것이고, 나도 네가 아니였다면 역시 음악을 만들기 어려웠을 것이다. —《성종실록》 성종 9년 11월 7일

음악을 통해 이상적인 유교국가를 건설하려 했던 세종과 그 뜻을 받들었던 박연. 이들의 노력으로 마침내 아악이 정비되었고, 왕실의 위용과 법도가 선명해졌다. 그러나 그것으로 끝이 아니었다. 세종의 생각은 한 걸음 더 나아가 있었다. 제사 때 중국의 아악이 아닌 우리의 향악을 써보면 어떻겠느냐는 것이었다.

> 우리나라는 멀리 동쪽에 있어 음악이 중국과 같지 않다. 중국 사람들이야 그들의 제사에 평소에 익숙하게 들었던 아악을 쓰는 것이 당연하겠다. 허나 우리나라 사람들은 살아서는 우리 음악을 듣다가 죽은 뒤에는 아악을 듣게 되는 셈인데 제사 지낼 때 우리 조상님들이 평소 들으시던 음악을 쓰는 것은 어떠한가. —《세종실록》 세종 12년 9월 11일

그러나 박연은 "아악만을 쓰고 향악은 쓰지 마시옵소서"라며 우리 음악을 쓰는 것을 반대했다.

반면 맹사성(孟思誠·1360~1438)은 달랐다.

> 맹사성: 아닙니다. 성상의 하교가 옳습니다. 어찌 향악을 모두 버릴 수야

있겠습니까. 먼저 아악을 연주하고 향악을 겸해서 쓰는 것이 옳습니다.

세종의 뜻을 가장 잘 헤아렸다는 명재상 맹사성은 아악과 향악을
같이 쓰자는 절충안을 제시했다. 이에 세종이 "아악은 박연, 향악은
맹사성과 의논하라"는 명을 내린다.

맹사성은 스스로 악기를 만들 정도로 음악
에 대한 조예가 깊었다. 그가 불었던 옥으로
만든 옥적(玉笛)이 지금도 전해온다. 당시 손
님들이 맹사성의 집에 찾아와서 피리 소리가
나면 맹사성이 집에 있는 것이고, 소리가 안
나면 '한양 가셨구나'라고 생각할 정도로 음
악을 좋아했고, 악공도 직접 가르쳤다고 한

맹사성 영정.

다. 맹사성은 세종 때 음악 담당 기관인 관습도감(慣習都監)의 총 책임
자였다. 그리고 박연은 이 기관의 실무 책임자였다.

우리 음악인 향악을 쓸것이냐, 중국 음악인 아악을 쓸 것이냐를 놓
고 갑론을박하던 와중에 유일한 향악 지지자였던 맹사성은 세상을
떠나고 만다. 이제 향악의 실현 여부는 세종에게 달려 있었다. 그런
데 세종은 왜 향악을 고집한 것일까? 송혜진 교수는 "세종은 머리에
이상적인 것과 마음에 와닿는 소리는 차이가 있어서 조선 사람의 마
음을 움직이는 감성적인 음악인 향악을 놓치기 아깝다"는 생각을 한
것이 아닐까 추정한다. 그러나 세종 곁에는 아무도 없었다. 세종은
음악에 관한 한 지지자가 아무도 없는 고독한 군주였다.

맹씨행단(사적 제109호). 충남 아산시 배방면.

맹사성이 불었던
악기 옥적.

작곡가 세종, "내가 하리라"

세종의 원래 의도는 아악을 바로 잡은 후 그것을 바탕으로 우리 음악
인 향악을 세우고 모든 음악의 기본으로 삼는 것이었다. 그런데 박연
을 비롯한 조정 대신들은 중국 음악을 함부로 버릴 수 없다 하여 세
종의 뜻에 반대했다. 이에 세종은 자신이 직접 우리 음악을 작곡하겠
다는 결심을 하게 된다. 작곡가로서 세종의 진면목이 발휘되는 순간

이었다.

아악을 정비한 이후 세종 13년(1431)부터 27년(1445)까지, 우리 음악 창제에 대한 기록은 보이지 않는다. 그러다 느닷없이 세종의 작곡 기사가 발견된다. 세종이 새 음악을 만들었는데 "막대기로 땅을 치면서 박자를 맞추면서 하루저녁에 다 만들었다(上所制以柱杖擊地爲節一夕乃定)"는 것이다.

세종은 조선 건국의 정당성을 음악에 담아 많은 사람과 우리 가락으로 즐기고 싶었다. 〈용비어천가龍飛御天歌〉는 조선의 건국이 하늘의 뜻이며 역사의 필연이라는 것을 천명한 노래다. 세종은 신하들이 지어 올린 용비어천가 가사에 직접 가락을 붙였다. 잘 알다시피 〈용비어천가〉는 훈민정음으로 만든 최초의 작품이다. 우리 글 훈민정음의 창제, 그리고 새로운 우리 음악의 작곡, 여기에는 더 많은 사람들이 그것을 익히고 즐기도록 하려는 세종의 의지가 담겨 있었다.

세종이 음악을 통해 이루고 싶었던 것은 예술적 경지에 이른 음악의 완성이 아니라, 건국 이념이나 조선의 정책을 어떻게 펴갈 것인지를 백성들에게 노래로 들려주는 것이었다.

그러나 아악은 이런 목적에 잘 맞지 않았다. 마음속에 있는 생각을 전달하려면 궁중 음악으로서 위엄도 있어야 하고, 음악으로서 소통하려면 한국인의 감성에 맞는 멜로디여야 했다.

우리 음악을 통해 좀 더 많은 사람과 소통할 수 있는 방법을 모색하던 세종이 마침내 우리 가락을 제대로 담을 수 있는 악보를 만들었다. 우리 음악은 중국 음악과 다르기 때문에 기록하는 방법도 달라야 했다. 세종이 창안한 악보는 정간보(井間譜)였다. 바둑판처럼 칸

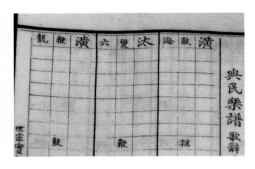
세종이 창안한 악보인 정간보.

〈여민락〉 복원 과정.

을 나누고, 한 칸을 한 박으로 삼아 칸의 개수만큼 음 길이를 나타낼 수 있게 한 것이다. 전인평 교수는 "우리말을 정확하게 적기 위해 한글을 창제한 것처럼, 정간보는 한국 음악을 정확하게 적기 위해 만든 악보"였다고 설명한다.

아악은 모든 가사의 음 길이가 똑같아서 길이를 표시할 필요가 없었다. 그러나 우리 노래는 가사 하나하나의 길이가 달라서 음 길이도 함께 표시해야 했다.

세종이 남긴 〈여민락與民樂〉은 음의 길이까지 적은 정확한 악보가 남아 있기 때문에 지금도 복원과 연주가 가능하다.

세종이 스스로 작곡하여 백성과 함께 즐기고자 했던 〈여민락〉은 임금이 행차할 때 주로 연주되었다. 백성과 함께하겠다는 세종의 뜻이 이루어진 것이다.

조선의 소리가 세계의 소리가 되다

세종의 업적 가운데 또 하나 빼놓을 수 없는 것이 훈민정음 창제다. 훈민정음은 아설순치후(牙舌脣齒喉)의 다섯 음을 바탕으로 만들었다. 그만큼 세종은 소리에 대해 해박한 지식을 갖고 있었고, 그것이 음악 창작으로까지 이어졌다. 그리고 세종의 음악은 이제 세계적인 문화 유산이 되었다.

세종이 작곡한 또 다른 음악으로 〈정대업定大業〉과 〈보태평保太平〉이 있다. 정대업은 조종의 무공을 찬양한 15곡이고 보태평은 조종의 문덕을 찬양한 11곡이다. 세종은 이 두 음악을 실제로 왕실 행사에 사용할 수 있는지 점검하고 검토했다. 비밀리에 기생과 궁녀를 불러 노래에 춤을 맞춰보기도 했다.

송혜진 교수는 "세종 13년부터 27~28년 신악이 완성되기까지 세종은 일종의 비밀 프로젝트를 운영한 것 같다"고 추정한다. 송 교수는 그 근거로 훗날 세조가 되는 이유(李瑈 · 1417~1468)에게 이를 주

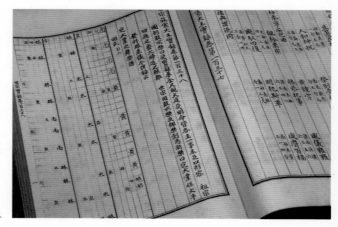

《세종실록》에 등장하는
〈정대업〉과 〈보태평〉의 악보.

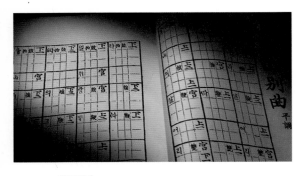
〈청산별곡〉.

관하게 하고, 또 사신들을 보내서 중국 궁궐에서 펼쳐지는 의례 음악을 보고 오게 하고, 여악을 근거리에 두고 자신의 생각을 시연해보았다는 기록 등이 남아 있는 점을 든다.

세종은 〈정대업〉과 〈보태평〉 등을 만들 때 우리 음악인 향악을 바탕으로 만들었다고 한다. 널리 불리던 〈서경별곡〉, 〈청산별곡〉 등 고려속요의 가사를 바꿔 붙이고 음의 길이를 조절했다. 새 음악 작곡에 우리 선율을 이용한 것이다.

그러나 세종 당대에는 새 음악들이 널리 사용되지 못했다. 왕과 신하들 사이에 새 음악을 왕실의 여러 행사에 써야 하는지 의견이 분분했다.

신하: 종묘 조회 공연의 음악에 고려시대의 잡소리가 섞여 있는 것은 심히 타당하지 못하므로, 새로 만든 여러 음악과 옛 음악들 중에서 쓸데없는 부분을 골라내 취할 만한 소리를 다시 선정하게 하시옵소서.

세종: 새롭게 만든 신악이 조종의 공덕을 그려내는 일을 했으니 함부로 버릴 수 없다. 그러니 새롭게 만든 음악을 잘 들어보고 버릴 것과 버리지 말 것을 보고하라. 그러면 내가 마땅히 빼고 더하겠다.

—《세종실록》 세종 31년 12월 11일

세종은 자신의 뜻을 관철시
키고 싶었다. 그러나 시간이
없었다. 이미 세종의 병이 깊
은 상태였다.

세종의 뜻은 수양대군이 세
조가 된 이후에 실현된다. 수
양대군은 세종이 작곡할 때 곁

종묘제례악.

에서 도운 인물이다. 세조 6년(1460), 세조는 〈정대업〉, 〈보태평〉 등
신악을 익히고, 대신 모든 옛 음악을 폐지하라고 지시했다. 그리고
오로지 아버지 세종이 작곡한 음악만 사용할 것을 명령했다. 그리하
여 세조 10년(1464), 〈정대업〉과 〈보태평〉이 종묘제례악으로 채택되
었다. 조상의 제사에 중국 음악이 아닌 우리 음악이 사용되기 시작한
것이다. 이렇게 탄생한 종묘제례악이 지금까지 500년 넘게 원형 그
대로 전해져오고 있다. 우리의 무형문화재 1호이자 유네스코 지정
(1995) 세계 문화유산이다.

치세지음(治世知音), 즉 소리가 편안하고 즐거우면 그 정치는 조화를
이룬다고 했다. 음악은 유교 국가 조선에서 통치이념을 수립하는 중
요한 수단으로 여겨졌다. 음악을 통해 인간을 예의 경지까지 끌어올
리는 예치를 추구한 것이다. 세종은 조선 초기의 혼란을 극복하고 개
국을 찬미하기 위한 음악 제정에 심혈을 기울였을 뿐 아니라, 나아가
중국 음악의 영향에서 벗어나 우리만의 음악을 세웠다. 이처럼 세종
은 우리의 소리, 조선의 소리로 하늘의 소리를 담고자 했고 이제 이
것이 세계의 소리가 되었다.

한국사傳 3

초판　1쇄 발행 _ 2008년 7월 11일
　　　　　4쇄 발행 _ 2010년 6월 17일

지은이　KBS 한국사傳 제작팀
펴낸이　이기섭
편집주간　김수영
기획편집　박상준 김윤정 임윤희 정회엽 이길호
마케팅　조재성 성기준 한성진
관리　　김미란 장혜정

펴낸곳　한겨레출판(주)
등록　　2006년 1월 4일 제313-2006-00003호
주소　　121-750 서울시 마포구 공덕동 116-25 한겨레신문사 4층
전화　　마케팅 6383-1602~4 기획편집 6383-1619
팩시밀리　6383-1610
홈페이지　www.hanibook.co.kr
전자우편　book@hanibook.co.kr

ISBN 978-89-8431-279-1　03900